Cambridge Plain Texts

HEINRICH HEINE
LAST POEMS

T0345959

HEINRICH HEINE

LAST POEMS

Selected by
WILLIAM ROSE

CAMBRIDGE
AT THE UNIVERSITY PRESS
1954

CAMBRIDGE UNIVERSITY PRESS
Cambridge, New York, Melbourne, Madrid, Cape Town,
Singapore, São Paulo, Delhi, Mexico City

Cambridge University Press
The Edinburgh Building, Cambridge CB2 8RU, UK

Published in the United States of America by Cambridge University Press, New York

www.cambridge.org
Information on this title: www.cambridge.org/9781107621077

First published 1954
Re-issued 2013

A catalogue record for this publication is available from the British Library

ISBN 978-1-107-62107-7 Paperback

CONTENTS

v

PREFACE

The last phase of Heine's life began in 1848 when he took to his bed and never walked again. There had been many premonitory warnings of the coming physical collapse, but though for eight years he lay with shrunken body and much of the time in intense pain, his mind was never clouded, and, after long years when his poetic gifts had lain fallow, he again wrote abundantly in verse, much of which bears the stamp of physical and mental suffering.

In 1851 he published *Romanzero*, the bulk of which, unlike the *Buch der Lieder* and *Neue Gedichte*, had been composed within the comparatively short space of three years. A small number of poems originally intended for inclusion in this volume were printed in the section *Zur Ollea* which was added to the third edition of *Neue Gedichte* in 1852. In 1854 there appeared a further cycle of poems, *Gedichte / 1853 und 1854* (in the first volume of *Vermischte Schriften*), and among his manuscripts were found after his death poems which had been written in pencil, or thought out during nights of pain and dictated to his secretary next morning, when they were subjected to careful revision. Many of the latter were published in *Letzte Gedichte und Gedanken*, edited by Adolf Strodtmann in 1869.

In a letter to his publisher, Julius Campe, on 28 September 1850, Heine referred to his new collection of poems as 'die dritte Säule meines lyrischen Ruhmes'. Between the *Buch der Lieder* and *Romanzero* lay a world of personal experience, of enjoyment and suffering, and during the culminating years of almost unendurable discomfort and bodily torment there rose up from the depths of the poet's soul verses which have no parallel in literature except perhaps in the lamentations of Jeremiah and Job. During these bedridden days and nights he thought much on religion, and in the *Nachwort* which he appended to *Romanzero* he made a confession of conversion to religious faith that has stirred great argument. Lying in his 'Matratzengruft zu Paris', he declared, 'Gedichte, die nur halbweg Anzüglichkeiten gegen den lieben Gott selbst enthielten, habe ich mit ängstlichem Eifer den Flammen überliefert'. It was better, he said, that the verses should burn than the versifier. Heine had not lost his sense of humour, though the humour had become a trifle grim. He had made his peace with the Creator, though his 'Heimkehr zu Gott' had drawn reproaches from his enlightened friends and delivered him up to the anathema of the atheists. 'Ja, ich bin zurückgekehrt zu Gott, wie der verlorene Sohn, nachdem ich lange Zeit bei den Hegelianern die Schweine gehütet.' He felt the need for a personal God, a God with a will of His own,

unlike the impotent God, imprisoned in the
material world, of the Pantheists. He wanted
a God who could help, a God with the
attributes of 'Allgüte', 'Allweisheit' and
'Allgerechtigkeit'. The immortality of the soul
could then be accepted as a kind of bonus.
Heine stressed that he had returned to a personal God, but denied that this involved belief
in any church dogma or enticement by
romantic ecclesiastical trappings. 'Ich habe
mit keiner Symbolik gespielt und meiner Vernunft nicht ganz entsagt.'

Sixteen months before composing this
Nachwort, on 1 June 1850, Heine had written
to Campe, '...glauben Sie nicht den um-
laufenden Gerüchten, als sei ich ein frommes
Lämmlein geworden. Die religiöse Umwäl-
zung, die in mir sich ereignete, ist eine bloß
geistige, mehr ein Akt meines Denkens als
des seligen Empfindens, und das Krankenbett
hat durchaus wenig Anteil daran.' Be that as
it may, the God with whom Heine communed
in his sleepless nights bore the stern linea-
ments of the Old Testament Jehovah, and as
his past life unrolled before him the religious
tradition to which he had been born was a
force that he could not eliminate from his in-
most feeling. When he reflected that no
masses would be sung for him, there also
passed through his mind the thought that
neither would the Jewish prayer for the dead
be recited:

'Keine Messe wird man singen,
Keinen Kadosch wird man sagen,
Nichts gesagt und nichts gesungen
Wird an meinen Sterbetagen.'

In *Romanzero*, the *Historien* are mainly narrative poems or romances, long drawn out, even at times prolix, and only occasionally, as in *Schelm von Bergen*, *Karl I.*, *Der Asra*, or *Pfalzgräfin Jutta*, does Heine recapture the terse, masterly style of his earlier ballads. But these romances are suffused with poetic feeling, and the flashes of humour reveal how unconquerable was this element in his attitude to life and the world, how indelibly it coloured his whole temperament.

The *Lamentationen*, though they contain a poem like *Spanische Atriden* which might well have found a place in the previous section, and a few topical satires, are mainly lyrical utterances of the pessimistic mood that underlies the narrative poems. Feeling is voiced directly. Yet even in the poignant *Lazarus* cycle the poet laughs at times to conceal his anguish. Facing the prospect of imminent death, the longing for what life has to offer has not been stilled.

The *Hebräische Melodien* (a title taken from Byron) are really narrative poems, strongly tinged with satire, which reflect the renewed interest taken by Heine in Jewish history and religion during these last years. In *Prinzessin Sabbath* he expresses the vital significance for the Jews of this holy day and its power of magic consolation during the centuries of oppression. In *Jehuda ben Halevy* (of which only the first two Cantos are here included), the medieval Jewish poet of Spain, travelling nostalgically to Jerusalem towards the end of his life, becomes a symbolic figure in whom Heine saw something of his own experience.

The *Gedichte | 1853 und 1854* and the posthumous poems continue, on the whole, the mood of *Romanzero*, with the cry of despair rising at times to a sharper pitch or the note of mockery growing more bitter. Of the five poems addressed to 'Mouche', only the last one, 'Es träumte mir von einer Sommernacht', bears the title *Für die Mouche* in the manuscript.

There can be no doubt that the composition of these poems helped to render Heine's suffering endurable, in circumstances when a poet of less stubborn will would have been submerged and silenced.

BIBLIOGRAPHICAL NOTE

Full commentaries will be found in the relevant volumes of the two major editions of Heine's collected works:

OSKAR WALZEL (ed.): *Heines Sämtliche Werke* (Insel-Verlag, Leipzig, 1911–15).

ERNST ELSTER (ed.): *Heines Werke* (2nd revised ed. Bibliographisches Institut, Leipzig, 1925–). Only the first four volumes of this edition were published.

The text used in the present selection (from which poems of political satire or merely topical interest have been omitted), is that of the Insel-Verlag edition, in which the spelling has with certain reservations been modernized. It is particularly regretted that exigencies of space have prevented the inclusion of *Bimini*.

The most scholarly biographies in English are:

H. G. ATKINS: *Heine* (Routledge, 1929).
H. WALTER: *Heinrich Heine* (Dent, 1930).

Biographies in German:

H. WENDEL: *Heinrich Heine* (Kaden, Dresden, 1916). Particularly useful for the political aspect.
M. J. WOLFF: *Heinrich Heine* (Beck, München, 1922).
K. STERNBERG: *Heinrich Heines geistige Gestalt und Welt* (Rothschild, Berlin-Grunewald, 1929).
M. BROD: *Heinrich Heine* (4.–6. Tausend. Allert de Lange, Amsterdam, 1935). Particularly useful for the Jewish aspect.

Studies of *Romanzero*:

R. M. MEYER: 'Der Dichter des *Romanzero*' (in his *Gestalten und Probleme*. Georg Bondi, Berlin, 1905).
HELENE HERRMANN: *Studien zu Heines Romanzero* (Weidmannsche Buchhandlung, Berlin, 1906).
URS BELART: *Gehalt und Aufbau von Heinrich Heines Gedichtsammlungen* (Haupt, Bern, 1925).

Heine's Letters 1845–56 are collected in:

F. HIRTH (ed.): *Heinrich Heine. Briefe* (Kupferberg, Mainz, 1950–). Three volumes of letters and three volumes of commentary. Letters 1845–56 appear in vol. III. Only the first volume of commentary has so far been published.

For 'Mouche' see:

CAMILLE SELDEN: *Les Derniers Jours de Henri Heine* (Calmann Lévy, Paris, 1884). English translation, *The Last Days of Heinrich Heine* (Remington, 1884).

WILLIAM ROSE

LONDON
May 1954

ROMANZERO

———

ERSTES BUCH: HISTORIEN

ZWEITES BUCH: LAMENTATIONEN

DRITTES BUCH: HEBRÄISCHE MELODIEN

HISTORIEN

———

SCHELM VON BERGEN

IM Schloß zu Düsseldorf am Rhein
  Wird Mummenschanz gehalten;
Da flimmern die Kerzen, da rauscht die Musik,
Da tanzen die bunten Gestalten.

Da tanzt die schöne Herzogin,
Sie lacht laut auf beständig;
Ihr Tänzer ist ein schlanker Fant,
Gar höfisch und behendig.

Er trägt eine Maske von schwarzem Samt,
Daraus gar freudig blicket
Ein Auge, wie ein blanker Dolch,
Halb aus der Scheide gezücket.

Es jubelt die Fastnachtsgeckenschar,
Wenn Jene vorüberwalzen.
Der Drickes und die Marizzebill
Grüßen mit Schnarren und Schnalzen.

Und die Trompeten schmettern drein,
Der närrische Brummbaß brummet,
Bis endlich der Tanz ein Ende nimmt
Und die Musik verstummet.

"Durchlauchtigste Frau, gebt Urlaub mir,
Ich muß nach Hause gehen —"
Die Herzogin lacht: Ich laß dich nicht fort,
Bevor ich dein Antlitz gesehen.

"Durchlauchtigste Frau, gebt Urlaub mir,
Mein Anblick bringt Schrecken und Grauen —"
Die Herzogin lacht: Ich fürchte mich nicht,
Ich will dein Antlitz schauen.

"Durchlauchtigste Frau, gebt Urlaub mir,
Der Nacht und dem Tode gehör ich —"
Die Herzogin lacht: Ich lasse dich nicht,
Dein Antlitz zu schauen begehr ich.

Wohl sträubt sich der Mann mit finsterm
    Wort,
Das Weib nicht zähmen kunnt er;
Sie riß zuletzt ihm mit Gewalt
Die Maske vom Antlitz herunter.

Das ist der Scharfrichter von Bergen! so schreit
Entsetzt die Menge im Saale
Und weichet scheusam — die Herzogin
Stürzt fort zu ihrem Gemahle.

Der Herzog ist klug, er tilgte die Schmach
Der Gattin auf der Stelle.
Er zog sein blankes Schwert und sprach:
Knie vor mir nieder, Geselle!

Mit diesem Schwertschlag mach ich dich
Jetzt ehrlich und ritterzünftig,
Und weil du ein Schelm, so nenne dich
Herr Schelm von Bergen künftig.

So ward der Henker ein Edelmann
Und Ahnherr der Schelme von Bergen.
Ein stolzes Geschlecht! es blühte am Rhein.
Jetzt schläft es in steinernen Särgen.

* * *

SCHLACHTFELD BEI HASTINGS

DER Abt von Waltham seufzte tief,
Als er die Kunde vernommen,
Daß König Harold elendiglich
Bei Hastings umgekommen.

Zwei Mönche, Asgod und Ailrik genannt,
Die schickt' er aus als Boten,
Sie sollten suchen die Leiche Harolds
Bei Hastings unter den Toten.

Die Mönche gingen traurig fort
Und kehrten traurig zurücke:
"Hochwürdiger Vater, die Welt ist uns gram,
Wir sind verlassen vom Glücke.

"Gefallen ist der beßre Mann,
Es siegte der Bankert, der schlechte,
Gewappnete Diebe verteilen das Land
Und machen den Freiling zum Knechte.

"Der lausigste Lump aus der Normandie
Wird Lord auf der Insel der Britten;
Ich sah einen Schneider aus Bayeux, er kam
Mit goldnen Sporen geritten.

5

"Weh dem, der jetzt ein Sachse ist!
Ihr Sachsenheilige droben
Im Himmelreich, nehmt euch in Acht,
Ihr seid der Schmach nicht enthoben.

"Jetzt wissen wir, was bedeutet hat
Der große Komet, der heuer
Blutrot am nächtlichen Himmel ritt
Auf einem Besen von Feuer.

"Bei Hastings in Erfüllung ging
Des Unsterns böses Zeichen,
Wir waren auf dem Schlachtfeld dort
Und suchten unter den Leichen.

"Wir suchten hin, wir suchten her,
Bis alle Hoffnung verschwunden —
Den Leichnam des toten Königs Harold,
Wir haben ihn nicht gefunden."

Asgod und Ailrik sprachen also;
Der Abt rang jammernd die Hände,
Versank in tiefe Nachdenklichkeit
Und sprach mit Seufzen am Ende:

"Zu Grendelfield am Bardenstein,
Just in des Waldes Mitte,
Da wohnet Edith Schwanenhals
In einer dürftgen Hütte.

"Man hieß sie Edith Schwanenhals,
Weil wie der Hals der Schwäne
Ihr Nacken war; der König Harold,
Er liebte die junge Schöne.

"Er hat sie geliebt, geküßt und geherzt,
Und endlich verlassen, vergessen.
Die Zeit verfließt; wohl sechzehn Jahr
Verflossen unterdessen.

"Begebt euch, Brüder, zu diesem Weib
Und laßt sie mit euch gehen
Zurück nach Hastings, der Blick des Weibs
Wird dort den König erspähen.

"Nach Waltham-Abtei hierher alsdann
Sollt ihr die Leiche bringen,
Damit wir christlich bestatten den Leib
Und für die Seele singen."

Um Mitternacht gelangten schon
Die Boten zur Hütte im Walde:
"Erwache, Edith Schwanenhals,
Und folge uns alsbalde.

"Der Herzog der Normannen hat
Den Sieg davongetragen,
Und auf dem Feld bei Hastings liegt
Der König Harold erschlagen.

"Komm mit nach Hastings, wir suchen dort
Den Leichnam unter den Toten,
Und bringen ihn nach Waltham-Abtei,
Wie uns der Abt geboten."

Kein Wort sprach Edith Schwanenhals,
Sie schürzte sich geschwinde
Und folgte den Mönchen; ihr greisendes Haar
Das flatterte wild im Winde.

Es folgte barfuß das arme Weib
Durch Sümpfe und Baumgestrüppe.
Bei Tagesanbruch gewahrten sie schon
Zu Hastings die kreidige Klippe.

Der Nebel, der das Schlachtfeld bedeckt
Als wie ein weißes Lailich,
Zerfloß allmählig; es flatterten auf
Die Dohlen und krächzten abscheulich.

Viel tausend Leichen lagen dort
Erbärmlich auf blutiger Erde,
Nackt ausgeplündert, verstümmelt, zerfleischt,
Daneben die Äser der Pferde.

Es wadete Edith Schwanenhals
Im Blute mit nackten Füßen;
Wie Pfeile aus ihrem stieren Aug
Die forschenden Blicke schießen.

Sie suchte hin, sie suchte her,
Oft mußte sie mühsam verscheuchen
Die fraßbegierige Rabenschar;
Die Mönche hinter ihr keuchen.

Sie suchte schon den ganzen Tag,
Es ward schon Abend — plötzlich
Bricht aus der Brust des armen Weibs
Ein geller Schrei, entsetzlich.

Gefunden hat Edith Schwanenhals
Des toten Königs Leiche.
Sie sprach kein Wort, sie weinte nicht,
Sie küßte das Antlitz, das bleiche.

Sie küßte die Stirne, sie küßte den Mund,
Sie hielt ihn fest umschlossen;
Sie küßte auf des Königs Brust
Die Wunde blutumflossen.

Auf seiner Schulter erblickt sie auch —
Und sie bedeckt sie mit Küssen —
Drei kleine Narben, Denkmäler der Lust,
Die sie einst hinein gebissen.

Die Mönche konnten mittlerweil
Baumstämme zusammenfugen;
Das war die Bahre, worauf sie alsdann
Den toten König trugen.

Sie trugen ihn nach Waltham-Abtei,
Daß man ihn dort begrübe;
Es folgte Edith Schwanenhals
Der Leiche ihrer Liebe.

Sie sang die Totenlitanein
In kindisch frommer Weise;
Das klang so schauerlich in der Nacht —
Die Mönche beteten leise. —

* * *

KARL I.

IM Wald, in der Köhlerhütte, sitzt
Trübsinnig allein der König;
Er sitzt an der Wiege des Köhlerkinds
Und wiegt und singt eintönig:

Eiapopeia, was raschelt im Stroh?
Es blöken im Stalle die Schafe —
Du trägst das Zeichen an der Stirn
Und lächelst so furchtbar im Schlafe.

Eiapopeia, das Kätzchen ist tot —
Du trägst auf der Stirne das Zeichen —
Du wirst ein Mann und schwingst das Beil,
Schon zittern im Walde die Eichen.

Der alte Köhlerglaube verschwand,
Es glauben die Köhlerkinder —
Eiapopeia — nicht mehr an Gott,
Und an den König noch minder.

Das Kätzchen ist tot, die Mäuschen sind
    froh —
Wir müssen zu Schanden werden —
Eiapopeia — im Himmel der Gott
Und ich, der König auf Erden.

Mein Mut erlischt, mein Herz ist krank,
Und täglich wird es kränker —
Eiapopeia — du Köhlerkind,
Ich weiß es, du bist mein Henker.

Mein Todesgesang ist dein Wiegenlied —
Eiapopeia — die greisen
Haarlocken schneidest du ab zuvor —
Im Nacken klirrt mir das Eisen.

Eiapopeia, was raschelt im Stroh?
Du hast das Reich erworben,
Und schlägst mir das Haupt vom Rumpf
    herab —
Das Kätzchen ist gestorben.

Eiapopeia, was raschelt im Stroh?
Es blöken im Stalle die Schafe.
Das Kätzchen ist tot, die Mäuschen sind
    froh —
Schlafe, mein Henkerchen, schlafe!

* * *

KÖNIG RICHARD

WOHL durch der Wälder einödige Pracht
    Jagt ungestüm ein Reiter;
Er bläst ins Horn, er singt und lacht
Gar seelenvergnügt und heiter.

Sein Harnisch ist von starkem Erz,
Noch stärker ist sein Gemüte,
Das ist Herr Richard Löwenherz,
Der christlichen Ritterschaft Blüte.

Willkommen in England! rufen ihm zu
Die Bäume mit grünen Zungen —
Wir freuen uns, o König, daß du
Östreichischer Haft entsprungen.

Dem König ist wohl in der freien Luft,
Er fühlt sich wie neugeboren,
Er denkt an Östreichs Festungsduft —
Und gibt seinem Pferde die Sporen.

* * *

DER ASRA

TÄGLICH ging die wunderschöne
Sultanstochter auf und nieder
Um die Abendzeit am Springbrunn,
Wo die weißen Wasser plätschern.

Täglich stand der junge Sklave
Um die Abendzeit am Springbrunn,
Wo die weißen Wasser plätschern;
Täglich ward er bleich und bleicher.

Eines Abends trat die Fürstin
Auf ihn zu mit raschen Worten:
Deinen Namen will ich wissen,
Deine Heimat, deine Sippschaft!

Und der Sklave sprach: Ich heiße
Mohamet, ich bin aus Yemmen,
Und mein Stamm sind jene Asra,
Welche sterben, wenn sie lieben.

* * *

PFALZGRÄFIN JUTTA

PFALZGRÄFIN Jutta fuhr über den Rhein,
Im leichten Kahn, bei Mondenschein.
Die Zofe rudert, die Gräfin spricht:
"Siehst du die sieben Leichen nicht,
Die hinter uns kommen
Einhergeschwommen —
So traurig schwimmen die Toten!

"Das waren Ritter voll Jugendlust —
Sie sanken zärtlich an meine Brust
Und schwuren mir Treue — Zur Sicherheit,
Daß sie nicht brächen ihren Eid,
Ließ ich sie ergreifen
Sogleich und ersäufen —
So traurig schwimmen die Toten!"

Die Zofe rudert, die Gräfin lacht.
Das hallt so höhnisch durch die Nacht!
Bis an die Hüfte tauchen hervor
Die Leichen und strecken die Finger empor,
Wie schwörend — Sie nicken
Mit gläsernen Blicken —
So traurig schwimmen die Toten!

* * *

DER MOHRENKÖNIG

INS Exil der Alpuxarren
Zog der junge Mohrenkönig;
Schweigsam und das Herz voll Kummer
Ritt er an des Zuges Spitze.

Hinter ihm auf hohen Zeltern
Oder auch in güldnen Sänften
Saßen seines Hauses Frauen;
Schwarze Mägde trägt das Maultier.

Hundert treue Diener folgen
Auf arabisch edlen Rappen;
Stolze Gäule, doch die Reiter
Hängen schlottrig in den Sätteln.

13

Keine Zymbel, keine Pauke,
Kein Gesangeslaut ertönte;
Nur des Maultiers Silberglöckchen
Wimmern schmerzlich in der Stille.

Auf der Höhe, wo der Blick
Ins Duero-Tal hinabschweift,
Und die Zinnen von Granada
Sichtbar sind zum letzten Male:

Dorten stieg vom Pferd der König
Und betrachtete die Stadt,
Die im Abendlichte glänzte,
Wie geschmückt mit Gold und Purpur.

Aber, Allah! Welch ein Anblick!
Statt des vielgeliebten Halbmonds,
Prangen Spaniens Kreuz und Fahnen
Auf den Türmen der Alhambra.

Ach, bei diesem Anblick brachen
Aus des Königs Brust die Seufzer,
Tränen überströmten plötzlich
Wie ein Sturzbach seine Wangen.

Düster von dem hohen Zelter
Schaut' herab des Königs Mutter,
Schaut' auf ihres Sohnes Jammer,
Und sie schalt ihn stolz und bitter.

"Boabdil el Chico," sprach sie,
"Wie ein Weib beweinst du jetzo
Jene Stadt, die du nicht wußtest
Zu verteidgen wie ein Mann."

14

Als des Königs liebste Kebsin
Solche harte Rede hörte,
Stürzte sie aus ihrer Sänfte
Und umhalste den Gebieter.

"Boabdil el Chico," sprach sie,
"Tröste dich, mein Heißgeliebter,
Aus dem Abgrund deines Elends
Blüht hervor ein schöner Lorbeer.

"Nicht allein der Triumphator,
Nicht allein der sieggekrönte
Günstling jener blinden Göttin,
Auch der blutge Sohn des Unglücks,

"Auch der heldenmütge Kämpfer,
Der dem ungeheuren Schicksal
Unterlag, wird ewig leben
In der Menschen Angedenken."

"Berg des letzten Mohrenseufzers"
Heißt bis auf den heutgen Tag
Jene Höhe, wo der König
Sah zum letzten Mal Granada.

Lieblich hat die Zeit erfüllet
Seiner Liebsten Prophezeiung,
Und des Mohrenkönigs Name
Ward verherrlicht und gefeiert.

Nimmer wird sein Ruhm verhallen,
Ehe nicht die letzte Saite
Schnarrend losspringt von der letzten
Andalusischen Gitarre.

* * *

DER DICHTER FIRDUSI

I

GOLDNE Menschen, Silbermenschen!
Spricht ein Lump von einem Thoman,
Ist die Rede nur von Silber,
Ist gemeint ein Silberthoman.

Doch im Munde eines Fürsten,
Eines Schaches, ist ein Thoman
Gülden stets; ein Schach empfängt
Und er gibt nur goldne Thoman.

Also denken brave Leute,
Also dachte auch Firdusi,
Der Verfasser des berühmten
Und vergötterten Schach Nameh.

Dieses große Heldenlied
Schrieb er auf Geheiß des Schaches,
Der für jeden seiner Verse
Einen Thoman ihm versprochen.

Siebzehnmal die Rose blühte,
Siebzehnmal ist sie verwelket,
Und die Nachtigall besang sie
Und verstummte siebzehnmal —

Unterdessen saß der Dichter
An dem Webstuhl des Gedankens,
Tag und Nacht, und webte emsig
Seines Liedes Riesenteppich —

Riesenteppich, wo der Dichter
Wunderbar hineingewebt
Seiner Heimat Fabelchronik,
Farsistans uralte Könge,

Lieblingshelden seines Volkes,
Rittertaten, Aventüren,
Zauberwesen und Dämonen,
Keck umrankt von Märchenblumen —

Alles blühend und lebendig,
Farbenglänzend, glühend, brennend,
Und wie himmlisch angestrahlt
Von dem heilgen Lichte Irans,

Von dem göttlich reinen Urlicht,
Dessen letzter Feuertempel,
Trotz dem Koran und dem Mufti,
In des Dichters Herzen flammte.

Als vollendet war das Lied,
Überschickte seinem Gönner
Der Poet das Manuskript,
Zweimalhunderttausend Verse.

In der Badestube war es,
In der Badestub zu Gasna,
Wo des Schaches schwarze Boten
Den Firdusi angetroffen —

Jeder schleppte einen Geldsack,
Den er zu des Dichters Füßen
Knieend legte, als den hohen
Ehrensold für seine Dichtung.

Der Poet riß auf die Säcke
Hastig, um am lang entbehrten
Goldesanblick sich zu laben —
Da gewahrt er mit Bestürzung,

Daß der Inhalt dieser Säcke
Bleiches Silber, Silberthomans,
Zweimalhunderttausend etwa —
Und der Dichter lachte bitter.

Bitter lachend hat er jene
Summe abgeteilt in drei
Gleiche Teile, und jedwedem
Von den beiden schwarzen Boten

Schenkte er als Botenlohn
Solch ein Drittel, und das dritte
Gab er einem Badeknechte,
Der sein Bad besorgt, als Trinkgeld.

Seinen Wanderstab ergriff er
Jetzo und verließ die Hauptstadt;
Vor dem Tor hat er den Staub
Abgefegt von seinen Schuhen.

II

"Hätt er menschlich ordinär
Nicht gehalten, was versprochen,
Hätt er nur sein Wort gebrochen,
Zürnen wollt ich nimmermehr.

"Aber unverzeihlich ist,
Daß er mich getäuscht so schnöde
Durch den Doppelsinn der Rede
Und des Schweigens größre List.

"Stattlich war er, würdevoll
Von Gestalt und von Gebärden,
Wen'ge glichen ihm auf Erden,
War ein König jeder Zoll.

18

"Wie die Sonn am Himmelsbogen,
Feuerblicks, sah er mich an,
Er, der Wahrheit stolzer Mann —
Und er hat mich doch belogen."

III

Schach Mahomet hat gut gespeist,
Und gut gelaunet ist sein Geist.

Im dämmernden Garten, auf purpurnem
    Pfühl,
Am Springbrunnen sitzt er. Das plätschert so
    kühl!

Die Diener stehen mit Ehrfurchtsmienen;
Sein Liebling Ansari ist unter ihnen.

Aus Marmorvasen quillt hervor
Ein üppig brennender Blumenflor.

Gleich Odalisken anmutiglich
Die schlanken Palmen fächern sich.

Es stehen regungslos die Zypressen,
Wie himmelträumend, wie weltvergessen.

Doch plötzlich erklingt bei Lautenklang
Ein sanft geheimnisvoller Gesang.

Der Schach fährt auf, als wie behext —
Von wem ist dieses Liedes Text?

Ansari, an welchen die Frage gerichtet,
Gab Antwort: Das hat Firdusi gedichtet.

Firdusi? — rief der Fürst betreten —
Wo ist er? Wie geht es dem großen Poeten?

Ansari gab Antwort: In Dürftigkeit
Und Elend lebt er seit langer Zeit

Zu Thus, des Dichters Vaterstadt,
Wo er ein kleines Gärtchen hat.

Schach Mahomet schwieg, eine gute Weile,
Dann sprach er: Ansari, mein Auftrag hat
    Eile —

Geh nach meinen Ställen und erwähle
Dort hundert Maultiere und funfzig Kamele.

Die sollst du belasten mit allen Schätzen,
Die eines Menschen Herz ergötzen,

Mit Herrlichkeiten und Raritäten,
Kostbaren Kleidern und Hausgeräten

Von Sandelholz, von Elfenbein,
Mit güldnen und silbernen Schnurrpfeiferein,

Kannen und Kelchen, zierlich gehenkelt,
Lepardenfellen, groß gesprenkelt,

Mit Teppichen, Schals und reichen Brokaten,
Die fabriziert in meinen Staaten —

Vergiß nicht, auch hinzuzupacken
Glänzende Waffen und Schabracken,

Nicht minder Getränke jeder Art
Und Speisen, die man in Töpfen bewahrt,

Auch Konfitüren und Mandeltorten,
Und Pfefferkuchen von allen Sorten.

Füge hinzu ein Dutzend Gäule,
Arabischer Zucht, geschwind wie Pfeile,

Und schwarze Sklaven, gleichfalls ein Dutz-
    end,
Leiber von Erz, strapazentrutzend.

Ansari, mit diesen schönen Sachen
Sollst du dich gleich auf die Reise machen.

Du sollst sie bringen nebst meinem Gruß
Dem großen Dichter Firdusi zu Thus.

Ansari erfüllte des Herrschers Befehle,
Belud die Mäuler und Kamele

Mit Ehrengeschenken, die wohl den Zins
Gekostet von einer ganzen Provinz.

Nach dreien Tagen verließ er schon
Die Residenz, und in eigner Person,

Mit einer roten Führerfahne,
Ritt er voran der Karawane.

Am achten Tage erreichten sie Thus;
Die Stadt liegt an des Berges Fuß.

Wohl durch das Westtor zog herein
Die Karawane mit Lärmen und Schrein.

Die Trommel scholl, das Kuhhorn klang,
Und lautaufjubelt Triumphgesang.

La Illa Il Allah! aus voller Kehle
Jauchzten die Treiber der Kamele.

Doch durch das Osttor, am andern End
Von Thus, zog in demselben Moment

Zur Stadt hinaus der Leichenzug,
Der den toten Firdusi zu Grabe trug.

* * *

NÄCHTLICHE FAHRT

Es wogte das Meer, aus dem dunklen Gewölk
Der Halbmond lugte scheu;
Und als wir stiegen in den Kahn,
Wir waren unsrer drei.

Es plätschert' im Wasser des Ruderschlags
Verdrossenes Einerlei;
Weißschäumende Wellen rauschten heran,
Bespritzten uns alle drei.

Sie stand im Kahn so blaß, so schlank,
Und unbeweglich dabei,
Als wär sie ein welsches Marmorbild,
Dianens Konterfei.

Der Mond verbirgt sich ganz. Es pfeift
Der Nachtwind kalt vorbei;
Hoch über unsern Häuptern ertönt
Plötzlich ein gellender Schrei.

Die weiße, gespenstische Möwe wars,
Und ob dem bösen Schrei,
Der schauerlich klang wie Warnungsruf,
Erschraken wir alle drei.

22

Bin ich im Fieber? Ist das ein Spuk
Der nächtlichen Phantasei?
Äfft mich ein Traum? Es träumet mir
Grausame Narretei.

Grausame Narretei! Mir träumt,
Daß ich ein Heiland sei,
Und daß ich trüge das große Kreuz
Geduldig und getreu.

Die arme Schönheit ist schwer bedrängt,
Ich aber mache sie frei
Von Schmach und Sünde, von Qual und Not,
Von der Welt Unfläterei.

Du arme Schönheit, schaudre nicht
Wohl ob der bittern Arznei;
Ich selber kredenze dir den Tod,
Bricht auch mein Herz entzwei.

O Narretei, grausamer Traum,
Wahnsinn und Raserei!
Es gähnt die Nacht, es kreischt das Meer,
O Gott! o steh mir bei!

O steh mir bei, barmherziger Gott!
Barmherziger Gott Schaddey!
Da schollerts hinab ins Meer — O Weh —
Schaddey! Schaddey! Adonay! —

Die Sonne ging auf, wir fuhren ans Land,
Da blühte und glühte der Mai!
Und als wir stiegen aus dem Kahn,
Da waren wir unsrer z w e i.

* * *

23

VITZLIPUTZLI

Dieses ist Amerika!
Dieses ist die neue Welt!
Nicht die heutige, die schon
Europäisieret abwelkt. —

Dieses ist die neue Welt!
Wie sie Christoval Kolumbus
Aus dem Ozean hervorzog.
Glänzet noch in Flutenfrische,

Träufelt noch von Wasserperlen,
Die zerstieben, farbensprühend,
Wenn sie küßt das Licht der Sonne.
Wie gesund ist diese Welt!

Ist kein Kirchhof der Romantik,
Ist kein alter Scherbenberg
Von verschimmelten Symbolen
Und versteinerten Perucken.

Aus gesundem Boden sprossen
Auch gesunde Bäume — keiner
Ist blasiert und keiner hat
In dem Rückgratmark die Schwindsucht.

Auf den Baumesästen schaukeln
Große Vögel. Ihr Gefieder
Farbenschillernd. Mit den ernsthaft
Langen Schnäbeln und mit Augen,

Brillenartig schwarz umrändert,
Schaun sie auf dich nieder, schweigsam —
Bis sie plötzlich schrillend aufschrein
Und wie Kaffeeschwestern schnattern.

Doch ich weiß nicht, was sie sagen,
Ob ich gleich der Vögel Sprachen
Kundig bin wie Salomo,
Welcher tausend Weiber hatte

Und die Vögelsprachen kannte,
Die modernen nicht allein,
Sondern auch die toten, alten,
Ausgestopften Dialekte.

Neuer Boden, neue Blumen!
Neue Blumen, neue Düfte!
Unerhörte, wilde Düfte,
Die mir in die Nase dringen,

Neckend, prickelnd, leidenschaftlich —
Und mein grübelnder Geruchsinn
Quält sich ab: Wo hab ich denn
Je dergleichen schon gerochen?

Wars vielleicht auf Regentstreet,
In den sonnig gelben Armen
Jener schlanken Javanesin,
Die beständig Blumen kaute?

Oder wars zu Rotterdam,
Neben des Erasmi Bildsäul,
In der weißen Waffelbude
Mit geheimnisvollem Vorhang?

Während ich die neue Welt
Solcher Art verdutzt betrachte,
Schein ich selbst ihr einzuflößen
Noch viel größre Scheu — Ein Affe,

Der erschreckt ins Buschwerk forthuscht,
Schlägt ein Kreuz bei meinem Anblick,
Angstvoll rufend: "Ein Gespenst!
Ein Gespenst der alten Welt!"

Affe! fürcht dich nicht, ich bin
Kein Gespenst, ich bin kein Spuk;
Leben kocht in meinen Adern,
Bin des Lebens treuster Sohn.

Doch durch jahrelangen Umgang
Mit den Toten, nahm ich an
Der Verstorbenen Manieren
Und geheime Seltsamkeiten.

Meine schönsten Lebensjahre,
Die verbracht ich im Kyffhäuser,
Auch im Venusberg und andern
Katakomben der Romantik.

Fürcht dich nicht vor mir, mein Affe!
Bin dir hold, denn auf dem haarlos
Ledern abgeschabten Hintern
Trägst du Farben, die ich liebe.

Teure Farben! Schwarz-rot-goldgelb!
Diese Affensteißcouleuren
Sie erinnern mich mit Wehmut
An das Banner Barbarossas.

I

Auf dem Haupt trug er den Lorbeer,
Und an seinen Stiefeln glänzten
Goldne Sporen — dennoch war er
Nicht ein Held und auch kein Ritter.

26

Nur ein Räuberhauptmann war er,
Der ins Buch des Ruhmes einschrieb,
Mit der eignen frechen Faust,
Seinen frechen Namen: Cortez.

Unter des Kolumbus Namen
Schrieb er ihn, ja dicht darunter,
Und der Schulbub auf der Schulbank
Lernt auswendig beide Namen —

Nach dem Christoval Kolumbus,
Nennt er jetzt Fernando Cortez
Als den zweiten großen Mann
In dem Pantheon der Neuwelt.

Heldenschicksals letzte Tücke:
Unser Name wird verkoppelt
Mit dem Namen eines Schächers
In der Menschen Angedenken.

Wärs nicht besser, ganz verhallen
Unbekannt, als mit sich schleppen
Durch die langen Ewigkeiten
Solche Namenskameradschaft?

Messer Christoval Kolumbus
War ein Held, und sein Gemüte,
Das so lauter wie die Sonne,
War freigebig auch wie diese.

Mancher hat schon viel gegeben,
Aber Jener hat der Welt
Eine ganze Welt geschenket,
Und sie heißt Amerika.

Nicht befreien konnt er uns
Aus dem öden Erdenkerker,
Doch er wußt ihn zu erweitern
Und die Kette zu verlängern.

Dankbar huldigt ihm die Menschheit,
Die nicht bloß europamüde,
Sondern Afrikas und Asiens
Endlich gleichfalls müde worden — —

Einer nur, ein einzger Held,
Gab uns mehr und gab uns Beßres
Als Kolumbus, das ist Jener,
Der uns einen Gott gegeben.

Sein Herr Vater, der hieß Amram,
Seine Mutter hieß Jochebeth,
Und er selber, Moses heißt er,
Und er ist mein bester Heros.

Doch, mein Pegasus, du weilest
Viel zu lang bei dem Kolumbus —
Wisse, unser heutger Flugritt
Gilt dem gringern Mann, dem Cortez.

Breite aus den bunten Fittig,
Flügelroß! und trage mich
Nach der Neuwelt schönem Lande,
Welches Mexiko geheißen.

Trage mich nach jener Burg,
Die der König Montezuma
Gastlich seinen spanschen Gästen
Angewiesen zur Behausung.

Doch nicht Obdach bloß und Atzung,
In verschwenderischer Fülle,
Gab der Fürst den fremden Strolchen —
Auch Geschenke reich und prächtig,

Kostbarkeiten kluggedrechselt,
Von massivem Gold, Juwelen,
Zeugten glänzend von der Huld
Und der Großmut des Monarchen.

Dieser unzivilisierte,
Abergläubisch blinde Heide
Glaubte noch an Treu und Ehre
Und an Heiligkeit des Gastrechts.

Er willfahrte dem Gesuche,
Beizuwohnen einem Feste,
Das in ihrer Burg die Spanier
Ihm zu Ehren geben wollten —

Und mit seinem Hofgesinde,
Arglos, huldreich, kam der König
In das spanische Quartier,
Wo Fanfaren ihn begrüßten.

Wie das Festspiel war betitelt,
Weiß ich nicht. Es hieß vielleicht:
"Spansche Treue!" doch der Autor
Nannt sich Don Fernando Cortez.

Dieser gab das Stichwort — plötzlich
Ward der König überfallen,
Und man band ihn und behielt ihn
In der Burg als eine Geisel.

Aber Montezuma starb,
Und da war der Damm gebrochen,
Der die kecken Abenteurer
Schützte vor dem Zorn des Volkes.

Schrecklich jetzt begann die Brandung —
Wie ein wild empörtes Meer
Tosten, rasten immer näher
Die erzürnten Menschenwellen.

Tapfer schlugen zwar die Spanier
Jeden Sturm zurück. Doch täglich
Ward berennt die Burg aufs neue,
Und ermüdend war das Kampfspiel.

Nach dem Tod des Königs stockte
Auch der Lebensmittel Zufuhr;
Kürzer wurden die Rationen,
Die Gesichter wurden länger.

Und mit langen Angesichtern
Sahn sich an Hispaniens Söhne,
Und sie seufzten und sie dachten
An die traute Christenheimat,

An das teure Vaterland,
Wo die frommen Glocken läuten
Und am Herde friedlich brodelt
Eine Ollea-Potrida,

Dick verschmoret mit Garbanzos,
Unter welchen, schalkhaft duftend,
Auch wohl kichernd, sich verbergen
Die geliebten Knoblauchwürstchen.

Einen Kriegsrat hielt der Feldherr,
Und der Rückzug ward beschlossen;
In der nächsten Tagesfrühe
Soll das Heer die Stadt verlassen.

Leicht gelangs hineinzukommen
Einst durch List dem klugen Cortez,
Doch die Rückkehr nach dem Festland
Bot fatale Schwierigkeiten.

Mexiko, die Inselstadt,
Liegt in einem großen See,
In der Mitte, flutumrauscht:
Eine stolze Wasserfestung,

Mit dem Uferland verkehrend
Nur durch Schiffe, Flöße, Brücken,
Die auf Riesenpfählen ruhen;
Kleine Inseln bilden Furten.

Noch bevor die Sonne aufging,
Setzten sich in Marsch die Spanier;
Keine Trommel ward gerühret,
Kein Trompeter blies Reveille.

Wollten ihre Wirte nicht
Aus dem süßen Schlafe wecken —
(Hunderttausend Indianer
Lagerten in Mexiko).

Doch der Spanier machte diesmal
Ohne seinen Wirt die Rechnung;
Noch frühzeitger aufgestanden
Waren heut die Mexikaner.

Auf den Brücken, auf den Flößen,
Auf den Furten harrten sie,
Um den Abschiedstrunk alldorten
Ihren Gästen zu kredenzen.

Auf den Brücken, Flößen, Furten,
IIci! da gabs ein toll Gelage!
Rot in Strömen floß das Blut,
Und die kecken Zecher rangen —

Rangen Leib an Leib gepreßt,
Und wir sehn auf mancher nackten
Indianerbrust den Abdruck
Spanscher Rüstungsarabesken.

Ein Erdrosseln wars, ein Würgen,
Ein Gemetzel, das sich langsam,
Schaurig langsam, weiter wälzte,
Über Brücken, Flöße, Furten.

Die Indianer sangen, brüllten,
Doch die Spanier fochten schweigend;
Mußten Schritt für Schritt erobern
Einen Boden für die Flucht.

In gedrängten Engpaßkämpfen
Boten gringen Vorteil heute
Alteuropas strenge Kriegskunst,
Feuerschlünde, Harnisch, Pferde.

Viele Spanier waren gleichfalls
Schwer bepackt mit jenem Golde,
Das sie jüngst erpreßt, erbeutet —
Ach, die gelbe Sündenlast

Lähmte, hemmte sie im Kampfe,
Und das teuflische Metall
Ward nicht bloß der armen Seele,
Sondern auch dem Leib verderblich.

Mittlerweile ward der See
Ganz bedeckt von Kähnen, Barken;
Schützen saßen drin und schossen
Nach den Brücken, Flößen, Furten.

Trafen freilich im Getümmel
Viele ihrer eignen Brüder,
Doch sie trafen auch gar manchen
Hochvortrefflichen Hidalgo.

Auf der dritten Brücke fiel
Junker Gaston, der an jenem
Tag die Fahne trug, worauf
Konterfeit die heilge Jungfrau.

Dieses Bildnis selber trafen
Die Geschosse der Indianer;
Sechs Geschosse blieben stecken
Just im Herzen — blanke Pfeile,

Ähnlich jenen güldnen Schwertern,
Die der Mater dolorosa
Schmerzenreiche Brust durchbohren
Bei Karfreitagsprozessionen.

Sterbend übergab Don Gaston
Seine Fahne dem Gonzalvo,
Der zu Tod getroffen gleichfalls
Bald dahinsank. — Jetzt ergriff

Cortez selbst das teure Banner,
Er, der Feldherr, und er trug es
Hoch zu Roß bis gegen Abend,
Wo die Schlacht ein Ende nahm.

Hundertsechzig Spanier fanden
Ihren Tod an jenem Tage;
Über achtzig fielen lebend
In die Hände der Indianer.

Schwer verwundet wurden viele,
Die erst später unterlagen.
Schier ein Dutzend Pferde wurde
Teils getötet, teils erbeutet.

Gegen Abend erst erreichten
Cortez und sein Heer das sichre
Uferland, ein Seegestade,
Karg bepflanzt mit Trauerweiden.

II

Nach des Kampfes Schreckenstag
Kommt die Spuknacht des Triumphes;
Hunderttausend Freudenlampen
Lodern auf in Mexiko.

Hunderttausend Freudenlampen,
Waldharzfackeln, Pechkranzfeuer
Werfen grell ihr Tageslicht
Auf Paläste, Götterhallen,

Gildenhäuser und zumal
Auf den Tempel Vitzliputzlis,
Götzenburg von rotem Backstein,
Seltsam mahnend an ägyptisch,

Babylonisch und assyrisch
Kolossalen Bauwerk-Monstren,
Die wir schauen auf den Bildern
Unsers Britten Henri Martin.

Ja, das sind dieselben breiten
Rampentreppen, also breit,
Daß dort auf und nieder wallen
Viele tausend Mexikaner,

Während auf den Stufen lagern
Rottenweis die wilden Krieger,
Welche lustig bankettieren,
Hochberauscht von Sieg und Palmwein.

Diese Rampentreppen leiten,
Wie ein Zickzack, nach der Plattform,
Einem balustradenartgen
Ungeheuern Tempeldach.

Dort auf seinem Thronaltar
Sitzt der große Vitzliputzli,
Mexikos blutdürstger Kriegsgott.
Ist ein böses Ungetüm,

Doch sein Äußres ist so putzig,
So verschnörkelt und so kindisch,
Daß er trotz des innern Grausens
Dennoch unsre Lachlust kitzelt —

Und bei seinem Anblick denken
Wir zu gleicher Zeit etwa
An den blassen Tod von Basel
Und an Brüssels Mannke-Piß.

An des Gottes Seite stehen
Rechts die Laien, links die Pfaffen;
Im Ornat von bunten Federn
Spreizt sich heut die Klerisei.

Auf des Altars Marmorstufen
Hockt ein hundertjährig Männlein,
Ohne Haar an Kinn und Schädel;
Trägt ein scharlach Kamisölchen.

Dieses ist der Opferpriester,
Und er wetzet seine Messer,
Wetzt sie lächelnd, und er schielet
Manchmal nach dem Gott hinauf.

Vitzliputzli scheint den Blick
Seines Dieners zu verstehen,
Zwinkert mit den Augenwimpern
Und bewegt sogar die Lippen.

Auf des Altars Stufen kauern
Auch die Tempelmusici,
Paukenschläger, Kuhhornbläser —
Ein Gerassel und Getute —

Ein Gerassel und Getute,
Und es stimmet ein des Chores
Mexikanisches Tedeum —
Ein Miaulen wie von Katzen —

Ein Miaulen wie von Katzen,
Doch von jener großen Sorte,
Welche Tigerkatzen heißen
Und statt Mäuse Menschen fressen!

Wenn der Nachtwind diese Töne
Hinwirft nach dem Seegestade,
Wird den Spaniern, die dort lagern,
Katzenjämmerlich zu Mute.

Traurig unter Trauerweiden,
Stehen diese dort noch immer,
Und sie starren nach der Stadt,
Die im dunkeln Seegewässer

Widerspiegelt, schier verhöhnend,
Alle Flammen ihrer Freude —
Stehen dort wie im Parterre
Eines großen Schauspielhauses,

Und des Vitzliputzli-Tempels
Helle Plattform ist die Bühne,
Wo zur Siegesfeier jetzt
Ein Mysterium tragiert wird.

"Menschenopfer" heißt das Stück.
Uralt ist der Stoff, die Fabel;
In der christlichen Behandlung
Ist das Schauspiel nicht so gräßlich.

Denn dem Blute wurde Rotwein,
Und dem Leichnam, welcher vorkam,
Wurde eine harmlos dünne
Mehlbreispeis transsubstituieret —

Diesmal aber, bei den Wilden,
War der Spaß sehr roh und ernsthaft
Aufgefaßt: man speiste Fleisch,
Und das Blut war Menschenblut.

Diesmal war es gar das Vollblut
Von Altchristen, das sich nie,
Nie vermischt hat mit dem Blute
Der Moresken und der Juden.

Freu dich, Vitzliputzli, freu dich,
Heute gibt es Spanierblut,
Und am warmen Dufte wirst du
Gierig laben deine Nase.

Heute werden dir geschlachtet
Achtzig Spanier, stolze Braten
Für die Tafel deiner Priester,
Die sich an dem Fleisch erquicken.

Denn der Priester ist ein Mensch,
Und der Mensch, der arme Fresser,
Kann nicht bloß vom Riechen leben
Und vom Dufte, wie die Götter.

Horch! die Todespauke dröhnt schon,
Und es kreischt das böse Kuhhorn!
Sie verkünden, daß heraufsteigt
Jetzt der Zug der Sterbemänner.

Achtzig Spanier, schmählich nackend,
Ihre Hände auf dem Rücken
Festgebunden, schleppt und schleift man
Hoch hinauf die Tempeltreppe.

Vor dem Vitzliputzli-Bilde
Zwingt man sie das Knie zu beugen
Und zu tanzen Possentänze,
Und man zwingt sie durch Torturen,

Die so grausam und entsetzlich,
Daß der Angstschrei der Gequälten
Überheulet das gesamte
Kannibalen-Charivari. —

Armes Publikum am See!
Cortez und die Kriegsgefährten
Sie vernahmen und erkannten
Ihrer Freunde Angstrufstimmen —

Auf der Bühne, grellbeleuchtet,
Sahen sie auch ganz genau
Die Gestalten und die Mienen —
Sahn das Messer, sahn das Blut —

Und sie nahmen ab die Helme
Von den Häuptern, knieten nieder,
Stimmten an den Psalm der Toten,
Und sie sangen: De profundis!

Unter jenen, welche starben,
War auch Raimond de Mendoza,
Sohn der schönen Abbatissin,
Cortez' erste Jugendliebe.

Als er auf der Brust des Jünglings
Jenes Medaillon gewahrte,
Das der Mutter Bildnis einschloß,
Weinte Cortez helle Tränen —

Doch er wischt' sie ab vom Auge
Mit dem harten Büffelhandschuh,
Seufzte tief und sang im Chore
Mit den Andern: miserere!

III

Blasser schimmern schon die Sterne,
Und die Morgennebel steigen
Aus der Seeflut, wie Gespenster,
Mit hinschleppend weißen Laken.

Fest und Lichter sind erloschen
Auf dem Dach des Götzentempels,
Wo am blutgetränkten Estrich
Schnarchend liegen Pfaff und Laie.

Nur die rote Jacke wacht.
Bei dem Schein der letzten Lampe,
Süßlich grinsend, grimmig schäkernd,
Spricht der Priester zu dem Gotte:

"Vitzliputzli, Putzlivitzli,
Liebstes Göttchen Vitzliputzli!
Hast dich heute amüsieret,
Hast gerochen Wohlgerüche!

"Heute gab es Spanierblut —
O, das dampfte so apptitlich,
Und dein feines Leckernäschen
Sog den Duft ein, wollustglänzend.

"Morgen opfern wir die Pferde,
Wiehernd edle Ungetüme,
Die des Windes Geister zeugten,
Buhlschaft treibend mit der Seekuh.

"Willst du artig sein, so schlacht ich
Dir auch meine beiden Enkel,
Hübsche Bübchen, süßes Blut,
Meines Alters einzge Freude.

"Aber artig mußt du sein,
Mußt uns neue Siege schenken —
Laß uns siegen, liebes Göttchen,
Putzlivitzli, Vitzliputzli!

"O verderbe unsre Feinde,
Diese Fremden, die aus fernen
Und noch unentdeckten Ländern
Zu uns kamen übers Weltmeer —

"Warum ließen sie die Heimat?
Trieb sie Hunger oder Blutschuld?
Bleib im Land und nähr dich redlich,
Ist ein sinnig altes Sprüchwort.

"Was ist ihr Begehr? Sie stecken
Unser Gold in ihre Taschen,
Und sie wollen, daß wir droben
Einst im Himmel glücklich werden!

"Anfangs glaubten wir, sie wären
Wesen von der höchsten Gattung,
Sonnensöhne, die unsterblich
Und bewehrt mit Blitz und Donner.

"Aber Menschen sind sie, tötbar
Wie wir Andre, und mein Messer
Hat erprobet heute Nacht
Ihre Menschensterblichkeit.

"Menschen sind sie und nicht schöner
Als wir Andre, manche drunter
Sind so häßlich wie die Affen;
Wie bei diesen sind behaart

"Die Gesichter, und es heißt,
Manche trügen in den Hosen
Auch verborgne Affenschwänze —
Wer kein Aff, braucht keine Hosen.

"Auch moralisch häßlich sind sie,
Wissen nichts von Pietät,
Und es heißt, daß sie sogar
Ihre eignen Götter fräßen!

"O vertilge diese ruchlos
Böse Brut, die Götterfresser —
Vitzliputzli, Putzlivitzli,
Laß uns siegen, Vitzliputzli!" —

Also sprach zum Gott der Priester,
Und des Gottes Antwort tönt
Seufzend, röchelnd, wie der Nachtwind,
Welcher koset mit dem Seeschilf:

Rotjack, Rotjack, blutger Schlächter,
Hast geschlachtet viele Tausend,
Bohre jetzt das Opfermesser
In den eignen alten Leib.

Aus dem aufgeschlitzten Leib
Schlüpft alsdann hervor die Seele;
Über Kiesel, über Wurzel
Trippelt sie zum Laubfroschteiche.

Dorten hocket meine Muhme
Rattenköngin — sie wird sagen:
"Guten Morgen, nackte Seele,
Wie ergeht es meinem Neffen?

"Vitzliputzelt er vergnügt
In dem honigsüßen Goldlicht?
Wedelt ihm das Glück die Fliegen
Und die Sorgen von der Stirne?

"Oder kratzt ihn Katzlagara,
Die verhaßte Unheilsgöttin
Mit den schwarzen Eisenpfoten,
Die in Otterngift getränket?"

Nackte Seele, gib zur Antwort:
Vitzliputzli läßt dich grüßen,
Und er wünscht dir Pestilenz
In den Bauch, Vermaledeite!

Denn du rietest ihm zum Kriege,
Und dein Rat, es war ein Abgrund —
In Erfüllung geht die böse,
Uralt böse Prophezeiung

Von des Reiches Untergang
Durch die furchtbar bärtgen Männer,
Die auf hölzernem Gevögel
Hergeflogen aus dem Osten.

Auch ein altes Sprüchwort gibt es:
Weiberwille, Gotteswille —
Doppelt ist der Gotteswille,
Wenn das Weib die Mutter Gottes.

Diese ist es, die mir zürnet,
Sie, die stolze Himmelsfürstin,
Eine Jungfrau sonder Makel,
Zauberkundig, wundertätig.

Sie beschützt das Spaniervolk,
Und wir müssen untergehen,
Ich, der ärmste aller Götter,
Und mein armes Mexiko.

Nach vollbrachtem Auftrag, Rotjack,
Krieche deine nackte Seele
In ein Sandloch — Schlafe wohl!
Daß du nicht mein Unglück schauest!

Dieser Tempel stürzt zusammen,
Und ich selber, ich versinke
In dem Qualm — nur Rauch und Trüm-
    mer —
Keiner wird mich widersehen.

Doch ich sterbe nicht; wir Götter
Werden alt wie Papageien,
Und wir mausern nur und wechseln
Auch wie diese das Gefieder.

Nach der Heimat meiner Feinde,
Die Europa ist geheißen,
Will ich flüchten, dort beginn ich
Eine neue Karriere.

Ich verteufle mich, der Gott
Wird jetzund ein Gottseibeiuns;
Als der Feinde böser Feind,
Kann ich dorten wirken, schaffen.

Quälen will ich dort die Feinde,
Mit Phantomen sie erschrecken —
Vorgeschmack der Hölle, Schwefel
Sollen sie beständig riechen.

Ihre Weisen, ihre Narren
Will ich ködern und verlocken;
Ihre Tugend will ich kitzeln,
Bis sie lacht wie eine Metze.

Ja, ein Teufel will ich werden,
Und als Kameraden grüß ich
Satanas und Belial,
Astaroth und Belzebub.

Dich zumal begrüß ich, Lilis,
Sündenmutter, glatte Schlange!
Lehr mich deine Grausamkeiten
Und die schöne Kunst der Lüge!

Mein geliebtes Mexiko,
Nimmermehr kann ich es retten,
Aber rächen will ich furchtbar
Mein geliebtes Mexiko.

* * *

ZWEITES BUCH

LAMENTATIONEN

———

WALDEINSAMKEIT

ICH hab in meinen Jugendtagen
Wohl auf dem Haupt einen Kranz getragen;
Die Blumen glänzten wunderbar,
Ein Zauber in dem Kranze war.

Der schöne Kranz gefiel wohl Allen,
Doch der ihn trug hat Manchem mißfallen;
Ich floh den gelben Menschenneid,
Ich floh in die grüne Waldeinsamkeit.

Im Wald, im Wald! da konnt ich führen
Ein freies Leben mit Geistern und Tieren;
Feen und Hochwild von stolzem Geweih,
Sie nahten sich mir ganz ohne Scheu.

Sie nahten sich mir ganz ohne Zagnis,
Sie wußten, das sei kein schreckliches Wagnis;
Daß ich kein Jäger, wußte das Reh,
Daß ich kein Vernunftmensch, wußte die Fee.

Von Feenbegünstigung plaudern nur Toren —
Doch wie die übrigen Honoratioren
Des Waldes mir huldreich gewesen, fürwahr
Ich darf es bekennen offenbar.

Wie haben mich lieblich die Elfen umflattert!
Ein luftiges Völkchen! das plaudert und
    schnattert!
Ein bißchen stechend ist der Blick,
Verheißend ein süßes, doch tödliches Glück.

Ergötzten mich mit Maitanz und Maispiel,
Erzählten mir Hofgeschichten, zum Beispiel:
Die skandalose Chronika
Der Königin Titania.

Saß ich am Bache, so tauchten und sprangen
Hervor aus der Flut, mit ihrem langen
Silberschleier und flatterndem Haar,
Die Wasserbacchanten, die Nixenschar.

Sie schlugen die Zither, sie spielten auf Geigen,
Das war der famose Nixenreigen;
Die Posituren, die Melodei,
War klingende, springende Raserei.

Jedoch zu Zeiten waren sie minder
Tobsüchtig gelaunt, die schönen Kinder;
Zu meinen Füßen lagerten sie,
Das Köpfchen gestützt auf meinem Knie.

Trällerten, trillerten welsche Romanzen,
Zum Beispiel das Lied von den drei Pome-
    ranzen,
Sangen auch wohl ein Lobgedicht
Auf mich und mein nobeles Menschengesicht.

Sie unterbrachen manchmal das Gesinge
Lautlachend, und frugen bedenkliche Dinge,
Zum Beispiel: "Sag uns, zu welchem Behuf
Der liebe Gott den Menschen schuf?

"Hat eine unsterbliche Seele ein Jeder
Von euch? Ist diese Seele von Leder
Oder von steifer Leinwand? Warum
Sind eure Leute meistens so dumm?"

Was ich zur Antwort gab, verhehle
Ich hier, doch meine unsterbliche Seele,
Glaubt mirs, ward nie davon verletzt,
Was eine kleine Nixe geschwätzt.

Anmutig und schalkhaft sind Nixen und Elfen;
Nicht so die Erdgeister, sie dienen und helfen
Treuherzig den Menschen. Ich liebte zumeist
Die, welche man Wichtelmännchen heißt.

Sie tragen Rotmäntelchen, lang und bauschig,
Die Miene ist ehrlich, doch bang und lauschig;
Ich ließ nicht merken, daß ich entdeckt,
Warum sie so ängstlich die Füße versteckt.

Sie haben nämlich Entenfüße
Und bilden sich ein, daß Niemand es wisse.
Das ist eine tiefgeheime Wund,
Worüber ich nimmermehr spötteln kunnt.

Ach Himmel! wir Alle, gleich jenen Zwergen,
Wir haben ja Alle etwas zu verbergen;
Kein Christenmensch, wähnen wir, hätte ent-
      deckt,
Wo unser Entenfüßchen steckt.

Niemals verkehrt ich mit Salamandern,
Und über ihr Treiben erfuhr ich von andern
Waldgeistern sehr wenig. Sie huschten mir
      scheu
Des Nachts wie leuchtende Schatten vorbei.

48

Sind spindeldürre, von Kindeslänge,
Höschen und Wämschen anliegend enge,
Von Scharlachfarbe, goldgestickt;
Das Antlitz kränklich, vergilbt und bedrückt.

Ein güldnes Krönlein, gespickt mit Rubinen,
Trägt auf dem Köpfchen ein Jeder von ihnen;
Ein Jeder von ihnen bildet sich ein,
Ein absoluter König zu sein.

Daß sie im Feuer nicht verbrennen,
Ist freilich ein Kunststück, ich will es be-
    kennen;
Jedoch der unentzündbare Wicht,
Ein wahrer Feuergeist ist er nicht.

Die klügsten Waldgeister sind die Alräunchen,
Langbärtige Männlein mit kurzen Beinchen,
Ein fingerlanges Greisengeschlecht;
Woher sie stammen, man weiß es nicht recht.

Wenn sie im Mondschein kopfüber purzeln,
Das mahnt bedenklich an Pissewurzeln;
Doch da sie mir nur Gutes getan,
So geht mich nichts ihr Ursprung an.

Sie lehrten mir kleine Hexereien,
Feuer besprechen, Vögel beschreien,
Auch pflücken in der Johannisnacht
Das Kräutlein, das unsichtbar macht.

Sie lehrten mich Sterne und Zeichen deuten,
Sattellos auf dem Winde reiten,
Auch Runensprüche, womit man ruft
Die Toten hervor aus ihrer Gruft.

Sie haben mir auch den Pfiff gelehrt,
Wie man den Vogel Specht betört
Und ihm die Springwurz abgewinnt,
Die anzeigt, wo Schätze verborgen sind.

Die Worte, die man beim Schätzegraben
Hinmurmelt, lehrten sie mich, sie haben
Mir alles expliziert — umsunst!
Hab nie begriffen die Schatzgräberkunst.

Wohl hatt ich derselben nicht nötig dermalen,
Ich brauchte wenig, und konnt es bezahlen,
Besaß auch in Spanien manch luftiges Schloß,
Wovon ich die Revenüen genoß.

O, schöne Zeit! wo voller Geigen
Der Himmel hing, wo Elfenreigen
Und Nixentanz und Koboldscherz
Umgaukelt mein märchentrunkenes Herz!

O, schöne Zeit! wo sich zu grünen
Triumphespforten zu wölben schienen
Die Bäume des Waldes — ich ging einher,
Bekränzt, als ob ich der Sieger wär!

Die schöne Zeit, sie ist verschlendert,
Und Alles hat sich seitdem verändert,
Und ach! mir ist der Kranz geraubt,
Den ich getragen auf meinem Haupt.

Der Kranz ist mir vom Haupt genommen,
Ich weiß es nicht, wie es gekommen;
Doch seit der schöne Kranz mir fehlt,
Ist meine Seele wie entseelt.

Es glotzen mich an unheimlich blöde
Die Larven der Welt! Der Himmel ist öde,
Ein blauer Kirchhof, entgöttert und stumm.
Ich gehe gebückt im Wald herum.

Im Walde sind die Elfen verschwunden,
Jagdhörner hör ich, Gekläffe von Hunden;
Im Dickicht ist das Reh versteckt,
Das tränend seine Wunden leckt.

Wo sind die Alräunchen? ich glaube, sie halten
Sich ängstlich verborgen in Felsenspalten.
Ihr kleinen Freunde, ich komme zurück,
Doch ohne Kranz und ohne Glück.

Wo ist die Fee mit dem langen Goldhaar,
Die erste Schönheit, die mir hold war?
Der Eichenbaum, worin sie gehaust,
Steht traurig entlaubt, vom Winde zerzaust.

Der Bach rauscht trostlos gleich dem Styxe;
Am einsamen Ufer sitzt eine Nixe,
Todblaß und stumm, wie 'n Bild von Stein,
Scheint tief in Kummer versunken zu sein.

Mitleidig tret ich zu ihr heran —
Da fährt sie auf und schaut mich an,
Und sie entflieht mit entsetzten Mienen,
Als sei ihr ein Gespenst erschienen.

* * *

AN DIE JUNGEN

Lass dich nicht kirren, laß dich nicht wirren
Durch goldne Äpfel in deinem Lauf!
Die Schwerter klirren, die Pfeile schwirren,
Doch halten sie nicht den Helden auf.

Ein kühnes Beginnen ist halbes Gewinnen,
Ein Alexander erbeutet die Welt!
Kein langes Besinnen! Die Königinnen
Erwarten schon knieend den Sieger im Zelt.

Wir wagen, wir werben! besteigen als Erben
Des alten Darius Bett und Thron.
O süßes Verderben! o blühendes Sterben!
Berauschter Triumphtod zu Babylon!

* * *

LAZARUS

I

WELTLAUF

Hat man viel, so wird man bald
Noch viel mehr dazu bekommen.
Wer nur wenig hat, dem wird
Auch das Wenige genommen.

Wenn du aber gar nichts hast,
Ach, so lasse dich begraben —
Denn ein Recht zum Leben, Lump,
Haben nur die etwas haben.

RÜCKSCHAU

Ich habe gerochen alle Gerüche
In dieser holden Erdenküche;
Was man genießen kann in der Welt,
Das hab ich genossen wie je ein Held!
Hab Kaffee getrunken, hab Kuchen gegessen,
Hab manche schöne Puppe besessen;
Trug seidne Westen, den feinsten Frack,
Mir klingelten auch Dukaten im Sack.
Wie Gellert ritt ich auf hohem Roß;
Ich hatte ein Haus, ich hatte ein Schloß.
Ich lag auf der grünen Wiese des Glücks,
Die Sonne grüßte goldigsten Blicks;
Ein Lorbeerkranz umschloß die Stirn,
Er duftete Träume mir ins Gehirn,
Träume von Rosen und ewigem Mai —
Es ward mir so selig zu Sinne dabei,
So dämmersüchtig, so sterbefaul —
Mir flogen gebratne Tauben ins Maul,
Und Englein kamen, und aus den Taschen
Sie zogen hervor Champagnerflaschen —
Das waren Visionen, Seifenblasen —
Sie platzten — Jetzt lieg ich auf feuchtem
     Rasen,
Die Glieder sind mir rheumatisch gelähmt,
Und meine Seele ist tief beschämt.
Ach, jede Lust, ach, jeden Genuß
Hab ich erkauft durch herben Verdruß;
Ich ward getränkt mit Bitternissen
Und grausam von den Wanzen gebissen;
Ich ward bedrängt von schwarzen Sorgen,
Ich mußte lügen, ich mußte borgen
Bei reichen Buben und alten Vetteln —

Ich glaube sogar, ich mußte betteln.
Jetzt bin ich müd vom Rennen und Laufen,
Jetzt will ich mich im Grabe verschnaufen.
Lebt wohl! Dort oben, ihr christlichen Brüder,
Ja, das versteht sich, dort sehn wir uns wieder.

IV

STERBENDE

Flogest aus nach Sonn und Glück,
Nackt und schlecht kommst du zurück.
Deutsche Treue, deutsche Hemde,
Die verschleißt man in der Fremde.

Siehst sehr sterbebläßlich aus,
Doch getrost, du bist zu Haus.
Warm wie an dem Flackerherde
Liegt man in der deutschen Erde.

Mancher leider wurde lahm
Und nicht mehr nach Hause kam —
Streckt verlangend aus die Arme,
Daß der Herr sich sein erbarme!

V

LUMPENTUM

Die reichen Leute, die gewinnt
Man nur durch platte Schmeichelein —
Das Geld ist platt, mein liebes Kind,
Und will auch platt geschmeichelt sein.

Das Weihrauchfaß, das schwinge keck
Vor jedem göttlich goldnen Kalb;
Bet an im Staub, bet an im Dreck,
Vor allem aber lob nicht halb.

Das Brot ist teuer dieses Jahr,
Jedoch die schönsten Worte hat
Man noch umsonst — Besinge gar
Mäcenas' Hund, und friß dich satt!

VIII

FROMME WARNUNG

Unsterbliche Seele, nimm dich in Acht,
Daß du nicht Schaden leidest,
Wenn du aus dem Irdischen scheidest;
Es geht der Weg durch Tod und Nacht.

Am goldnen Tore der Hauptstadt des Lichts,
Da stehen die Gottessoldaten;
Sie fragen nach Werken und Taten,
Nach Namen und Amt fragt man hier nichts.

Am Eingang läßt der Pilger zurück
Die stäubigen, drückenden Schuhe —
Kehr ein, hier findest du Ruhe,
Und weiche Pantoffeln und schöne Musik.

IX

DER ABGEKÜHLTE

Und ist man tot, so muß man lang
Im Grabe liegen; ich bin bang,
Ja, ich bin bang, das Auferstehen
Wird nicht so schnell von Statten gehen.

Noch einmal, eh mein Lebenslicht
Erlöschet, eh mein Herze bricht —
Noch einmal möcht ich vor dem Sterben
Um Frauenhuld beseligt werben.

Und eine Blonde müßt es sein,
Mit Augen sanft wie Mondenschein —
Denn schlecht bekommen mir am Ende
Die wild brünetten Sonnenbrände.

Das junge Volk voll Lebenskraft
Will den Tumult der Leidenschaft,
Das ist ein Rasen, Schwören, Poltern
Und wechselseitges Seelenfoltern!

Unjung und nicht mehr ganz gesund,
Wie ich es bin zu dieser Stund,
Mögt ich noch einmal lieben, schwärmen
Und glücklich sein — doch ohne Lärmen.

X

SALOMO

Verstummt sind Pauken, Posaunen und
    Zinken.
An Salomos Lager Wache halten
Die schwertgegürteten Engelgestalten,
Sechstausend zur Rechten, sechstausend zur
    Linken.

Sie schützen den König vor träumendem
    Leide,
Und zieht er finster die Brauen zusammen,
Da fahren sogleich die stählernen Flammen,
Zwölftausend Schwerter, hervor aus der
    Scheide.

Doch wieder zurück in die Scheide fallen
Die Schwerter der Engel. Das nächtliche
    Grauen
Verschwindet, es glätten sich wieder die
    Brauen
Des Schläfers, und seine Lippen lallen:

O Sulamith! das Reich ist mein Erbe,
Die Lande sind mir untertänig,
Bin über Juda und Israel König —
Doch liebst du mich nicht, so welk ich und
    sterbe.

XII

GEDÄCHTNISFEIER

Keine Messe wird man singen,
Keinen Kadosch wird man sagen,
Nichts gesagt und nichts gesungen
Wird an meinen Sterbetagen.

Doch vielleicht an solchem Tage,
Wenn das Wetter schön und milde,
Geht spazieren auf Montmartre
Mit Paulinen Frau Mathilde.

Mit dem Kranz von Immortellen
Kommt sie mir das Grab zu schmücken,
Und sie seufzet: Pauvre homme!
Feuchte Wehmut in den Blicken.

Leider wohn ich viel zu hoch,
Und ich habe meiner Süßen
Keinen Stuhl hier anzubieten;
Ach! sie schwankt mit müden Füßen.

Süßes, dickes Kind, du darfst
Nicht zu Fuß nach Hause gehen;
An dem Barrieregitter
Siehst du die Fiaker stehen.

XIII

Die Geißblattlaube — Ein Sommerabend —
Wir saßen wieder wie ehmals am Fenster —
Der Mond ging auf, belebend und labend —
Wir aber waren wie zwei Gespenster.

Zwölf Jahre schwanden, seitdem wir bei-
    sammen
Zum letzten Male hier gesessen;
Die zärtlichen Gluten, die großen Flammen,
Sie waren erloschen unterdessen.

Einsilbig saß ich. Die Plaudertasche,
Das Weib hingegen schürte beständig
Herum in der alten Liebesasche.
Jedoch kein Fünkchen ward wieder lebendig.

Und sie erzählte: wie sie die bösen
Gedanken bekämpft, eine lange Geschichte,
Wie wackelig schon ihre Tugend gewesen —
Ich machte dazu ein dummes Gesichte.

Als ich nach Hause ritt, da liefen
Die Bäume vorbei in der Mondenhelle,
Wie Geister. Wehmütige Stimmen riefen —
Doch ich und die Toten, wir ritten schnelle.

XIV

In meines Glückes Sonnenglanz,
Da gaukelte fröhlich der Mückentanz.
Die lieben Freunde liebten mich
Und teilten mit mir brüderlich
Wohl meinen besten Braten
Und meinen letzten Dukaten.

Das Glück ist fort, der Beutel leer,
Und hab auch keine Freunde mehr;
Erloschen ist der Sonnenglanz,
Zerstoben ist der Mückentanz,
Die Freunde, so wie die Mücke,
Verschwinden mit dem Glücke.

An meinem Bett in der Winternacht
Als Wärterin die Sorge wacht.
Sie trägt eine weiße Unterjack,
Ein schwarzes Mützchen, und schnupft Tabak.
Die Dose knarrt so gräßlich,
Die Alte nickt so häßlich.

Mir träumt manchmal, gekommen sei
Zurück das Glück und der junge Mai
Und die Freundschaft und der Mücken-
schwarm —
Da knarrt die Dose — daß Gott erbarm,
Es platzt die Seifenblase —
Die Alte schneuzt die Nase.

XV

Das ist der böse Thanatos,
Er kommt auf einem fahlen Roß;
Ich hör den Hufschlag, hör den Trab,
Der dunkle Reiter holt mich ab —
Er reißt mich fort, Mathilden soll ich lassen,
O, den Gedanken kann mein Herz nicht
      fassen!

Sie war mir Weib und Kind zugleich,
Und geh ich in das Schattenreich,
Wird Witwe sie und Waise sein!
Ich laß in dieser Welt allein
Das Weib, das Kind, das, trauend meinem
      Mute,
Sorglos und treu an meinem Herzen ruhte.

Ihr Engel in den Himmelshöhn,
Vernehmt mein Schluchzen und mein Flehn:
Beschützt, wenn ich im öden Grab,
Das Weib, das ich geliebet hab;
Seid Schild und Vögte eurem Ebenbilde,
Beschützt, beschirmt mein armes Kind,
      Mathilde.

Bei allen Tränen, die ihr je
Geweint um unser Menschenweh,
Beim Wort, das nur der Priester kennt
Und niemals ohne Schauder nennt,
Bei eurer eignen Schönheit, Huld und Milde,
Beschwör ich euch, ihr Engel, schützt Mathilde.

XVII

Im Traume war ich wieder jung und munter—
Es war das Landhaus hoch am Bergesrand,
Wettlaufend lief ich dort den Pfad hinunter,
Wettlaufend mit Ottiljen Hand in Hand.

Wie das Persönchen fein formiert! Die süßen
Meergrünen Augen zwinkern nixenhaft.
Sie steht so fest auf ihren kleinen Füßen,
Ein Bild von Zierlichkeit, vereint mit Kraft.

Der Ton der Stimme ist so treu und innig,
Man glaubt zu schaun bis in der Seele Grund,
Und alles was sie spricht ist klug und sinnig;
Wie eine Rosenknospe ist der Mund.

Es ist nicht Liebesweh, was mich beschleichet,
Ich schwärme nicht, ich bleibe bei Ver-
    stand; —
Doch wunderbar ihr Wesen mich erweichet,
Und heimlich bebend küß ich ihre Hand.

Ich glaub, am Ende brach ich eine Lilje,
Die gab ich ihr und sprach ganz laut dabei:
Heirate mich und sei mein Weib, Ottilje,
Damit ich fromm wie du und glücklich sei.

Was sie zur Antwort gab, das weiß ich nimmer,
Denn ich erwachte jählings — und ich war
Wieder ein Kranker, der im Krankenzimmer
Trostlos daniederliegt seit manchem Jahr.——

XVIII

SIE ERLISCHT

Der Vorhang fällt, das Stück ist aus,
Und Herrn und Damen gehn nach Haus.
Ob ihnen auch das Stück gefallen?
Ich glaub, ich hörte Beifall schallen.
Ein hochverehrtes Publikum
Beklatschte dankbar seinen Dichter.
Jetzt aber ist das Haus so stumm,
Und sind verschwunden Lust und Lichter.

Doch horch! ein schollernd schnöder Klang
Ertönt unfern der öden Bühne; —
Vielleicht daß eine Saite sprang
An einer alten Violine.
Verdrießlich rascheln im Parterr
Etwelche Ratten hin und her,
Und Alles riecht nach ranzgem Öle.
Die letzte Lampe ächzt und zischt
Verzweiflungsvoll, und sie erlischt.
Das arme Licht war meine Seele.

XIX

VERMÄCHTNIS

Nun mein Leben geht zu End,
Mach ich auch mein Testament;
Christlich will ich drin bedenken
Meine Feinde mit Geschenken.

Diese würdgen, tugendfesten
Widersacher sollen erben
All mein Siechtum und Verderben,
Meine sämtlichen Gebresten.

62

Ich vermach euch die Koliken,
Die den Bauch wie Zangen zwicken,
Harnbeschwerden, die perfiden
Preußischen Hämorrhoiden.

Meine Krämpfe sollt ihr haben,
Speichelfluß und Gliederzucken,
Knochendarre in dem Rucken,
Lauter schöne Gottesgaben.

Kodizill zu dem Vermächtnis:
In Vergessenheit versenken
Soll der Herr eur Angedenken,
Er vertilge eur Gedächtnis.

XX

ENFANT PERDU

Verlorner Posten in dem Freiheitskriege,
Hielt ich seit dreißig Jahren treulich aus.
Ich kämpfte ohne Hoffnung, daß ich siege,
Ich wußte, nie komm ich gesund nach Haus.

Ich wachte Tag und Nacht — Ich konnt nicht
    schlafen,
Wie in dem Lagerzelt der Freunde Schar —
(Auch hielt das laute Schnarchen dieser Braven
Mich wach, wenn ich ein bißchen schlummrig
    war).

In jenen Nächten hat Langweil ergriffen
Mich oft, auch Furcht — (nur Narren fürchten
    nichts) —
Sie zu verscheuchen, hab ich dann gepfiffen
Die frechen Reime eines Spottgedichts.

Ja, wachsam stand ich, das Gewehr im Arme,
Und nahte irgend ein verdächtger Gauch,
So schoß ich gut und jagt ihm eine warme,
Brühwarme Kugel in den schnöden Bauch.

Mitunter freilich mocht es sich ereignen,
Daß solch ein schlechter Gauch gleichfalls
    sehr gut
Zu schießen wußte — ach, ich kanns nicht
    leugnen —
Die Wunden klaffen — es verströmt mein Blut.

Ein Posten ist vakant! — Die Wunden klaf-
    fen —
Der Eine fällt, die Andern rücken nach —
Doch fall ich unbesiegt, und meine Waffen
Sind nicht gebrochen — Nur mein Herze
    brach.

* * *

DRITTES BUCH

HEBRÄISCHE MELODIEN

PRINZESSIN SABBATH

IN Arabiens Märchenbuche
Sehen wir verwünschte Prinzen,
Die zu Zeiten ihre schöne
Urgestalt zurückgewinnen:

Das behaarte Ungeheuer
Ist ein Königsohn geworden;
Schmuckreich glänzend angekleidet,
Auch verliebt die Flöte blasend.

Doch die Zauberfrist zerrinnt,
Und wir schauen plötzlich wieder
Seine königliche Hoheit
In ein Ungetüm verzottelt.

Einen Prinzen solchen Schicksals
Singt mein Lied. Er ist geheißen
Israel. Ihn hat verwandelt
Hexenspruch in einen Hund.

Hund mit hündischen Gedanken,
Kötert er die ganze Woche
Durch des Lebens Kot und Kehricht,
Gassenbuben zum Gespötte.

Aber jeden Freitag Abend,
In der Dämmrungstunde, plötzlich
Weicht der Zauber, und der Hund
Wird aufs Neu ein menschlich Wesen.

Mensch mit menschlichen Gefühlen,
Mit erhobnem Haupt und Herzen,
Festlich, reinlich schier gekleidet,
Tritt er in des Vaters Halle.

"Sei gegrüßt, geliebte Halle
Meines königlichen Vaters!
Zelte Jakobs, eure heilgen
Eingangspfosten küßt mein Mund!"

Durch das Haus geheimnisvoll
Zieht ein Wispern und ein Weben,
Und der unsichtbare Hausherr
Atmet schaurig in der Stille.

Stille! Nur der Seneschall
(Vulgo Synagogendiener)
Springt geschäftig auf und nieder,
Um die Lampen anzuzünden.

Trostverheißend goldne Lichter,
Wie sie glänzen, wie sie glimmern!
Stolz aufflackern auch die Kerzen
Auf der Brüstung des Almemors.

Vor dem Schreine, der die Thora
Aufbewahret und verhängt ist
Mit der kostbar seidnen Decke,
Die von Edelsteinen funkelt —

Dort an seinem Betpultständer
Steht schon der Gemeindesänger;
Schmuckes Männchen, das sein schwarzes
Mäntelchen kokett geachselt.

Um die weiße Hand zu zeigen,
Haspelt er am Halse, seltsam
An die Schläf den Zeigefinger,
An die Kehl den Daumen drückend.

Trällert vor sich hin ganz leise,
Bis er endlich lautaufjubelnd
Seine Stimm erhebt und singt:
Lecho Daudi likras Kalle!

Lecho Daudi likras Kalle —
Komm, Geliebter, deiner harret
Schon die Braut, die dir entschleiert
Ihr verschämtes Angesicht!

Dieses hübsche Hochzeitkarmen
Ist gedichtet von dem großen,
Hochberühmten Minnesinger
Don Jehuda ben Halevy.

In dem Liede wird gefeiert
Die Vermählung Israels
Mit der Frau Prinzessin Sabbath,
Die man nennt die stille Fürstin.

Perl und Blume aller Schönheit
Ist die Fürstin. Schöner war
Nicht die Königin von Saba,
Salomonis Busenfreundin,

Die, ein Blaustrumpf Äthiopiens,
Durch Esprit brillieren wollte,
Und mit ihren klugen Rätseln
Auf die Länge fatigant ward.

Die Prinzessin Sabbath, welche
Ja die personifizierte
Ruhe ist, verabscheut alle
Geisteskämpfe und Debatten.

Gleich fatal ist ihr die trampelnd
Deklamierende Passion,
Jenes Pathos, das mit flatternd
Aufgelöstem Haar einherstürmt.

Sittsam birgt die stille Fürstin
In der Haube ihre Zöpfe;
Blickt so sanft wie die Gazelle,
Blüht so schlank wie eine Addas.

Sie erlaubt dem Liebsten alles,
Ausgenommen Tabakrauchen —
"Liebster! Rauchen ist verboten,
Weil es heute Sabbath ist.

"Dafür aber heute Mittag
Soll dir dampfen, zum Ersatz,
Ein Gericht, das wahrhaft göttlich —
Heute sollst du Schalet essen!"

Schalet, schöner Götterfunken,
Tochter aus Elysium!
Also klänge Schillers Hochlied,
Hätt er Schalet je gekostet.

68

Schalet ist die Himmelspeise,
Die der liebe Herrgott selber
Einst den Moses kochen lehrte
Auf dem Berge Sinai,

Wo der Allerhöchste gleichfalls
All die guten Glaubenslehren
Und die heilgen zehn Gebote
Wetterleuchtend offenbarte.

Schalet ist des wahren Gottes
Koscheres Ambrosia,
Wonnebrot des Paradieses,
Und mit solcher Kost verglichen

Ist nur eitel Teufelsdreck
Das Ambrosia der falschen
Heidengötter Griechenlands,
Die verkappte Teufel waren.

Speist der Prinz von solcher Speise,
Glänzt sein Auge wie verkläret,
Und er knöpfet auf die Weste,
Und er spricht mit selgem Lächeln:

"Hör ich nicht den Jordan rauschen?
Sind das nicht die Brüßelbrunnen
In dem Palmental von Beth-El,
Wo gelagert die Kamele?

"Hör ich nicht die Herdenglöckchen?
Sind das nicht die fetten Hämmel,
Die vom Gileathgebirge
Abendlich der Hirt herabtreibt?"

Doch der schöne Tag verflittert;
Wie mit langen Schattenbeinen
Kommt geschritten der Verwünschung
Böse Stund — Es seufzt der Prinz.

Ist ihm doch als griffen eiskalt
Hexenfinger in sein Herze.
Schon durchrieseln ihn die Schauer
Hündischer Metamorphose.

Die Prinzessin reicht dem Prinzen
Ihre güldne Nardenbüchse.
Langsam riecht er — Will sich laben
Noch einmal an Wohlgerüchen.

Es kredenzet die Prinzessin
Auch den Abschiedstrunk dem Prinzen —
Hastig trinkt er, und im Becher
Bleiben wen'ge Tropfen nur.

Er besprengt damit den Tisch,
Nimmt alsdann ein kleines Wachslicht,
Und er tunkt es in die Nässe,
Daß es knistert und erlischt.

* * *

JEHUDA BEN HALEVY

I

" LECHZEND klebe mir die Zunge
An dem Gaumen, und es welke
Meine rechte Hand, vergäß ich
Jemals dein, Jerusalem —"

Wort und Weise, unaufhörlich
Schwirren sie mir heut im Kopfe,
Und mir ist als hört ich Stimmen,
Psalmodierend, Männerstimmen —

Manchmal kommen auch zum Vorschein
Bärte, schattig lange Bärte —
Traumgestalten, wer von euch
Ist Jehuda ben Halevy?

Doch sie huschen rasch vorüber;
Die Gespenster scheuen furchtsam
Der Lebendgen plumpen Zuspruch —
Aber ihn hab ich erkannt —

Ich erkannt ihn an der bleichen
Und gedankenstolzen Stirne,
An der Augen süßer Starrheit —
Sahn mich an so schmerzlich forschend —

Doch zumeist erkannt ich ihn
An dem rätselhaften Lächeln
Jener schön gereimten Lippen,
Die man nur bei Dichtern findet.

Jahre kommen und verfließen.
Seit Jehuda ben Halevy
Ward geboren, sind verflossen
Siebenhundert funfzig Jahre —

Hat zuerst das Licht erblickt
Zu Toledo in Kastilien,
Und es hat der goldne Tajo
Ihm sein Wiegenlied gelullet.

Für Entwicklung seines Geistes
Sorgte früh der strenge Vater,
Der den Unterricht begann
Mit dem Gottesbuch, der Thora.

Diese las er mit dem Sohne
In dem Urtext, dessen schöne,
Hieroglyphisch pittoreske,
Altchaldäische Quadratschrift

Herstammt aus dem Kindesalter
Unsrer Welt, und auch deswegen
Jedem kindlichen Gemüte
So vertraut entgegenlacht.

Diesen echten alten Text
Rezitierte auch der Knabe
In der uralt hergebrachten
Singsangweise, Tropp geheißen —

Und er gurgelte gar lieblich
Jene fetten Gutturalen,
Und er schlug dabei den Triller,
Den Schalscheleth, wie ein Vogel.

Auch den Targum Onkelos,
Der geschrieben ist in jenem
Plattjudäischen Idiom,
Das wir Aramäisch nennen

Und zur Sprache der Propheten
Sich verhalten mag etwa
Wie das Schwäbische zum Deutschen —
Dieses Gelbveiglein-Hebräisch

Lernte gleichfalls früh der Knabe,
Und es kam ihm solche Kenntnis
Bald darauf sehr gut zu Statten
Bei dem Studium des Talmuds.

Ja, frühzeitig hat der Vater
Ihn geleitet zu dem Talmud,
Und da hat er ihm erschlossen
Die Halacha, diese große

Fechterschule, wo die besten
Dialektischen Athleten
Babylons und Pumpedithas
Ihre Kämpferspiele trieben.

Lernen konnte hier der Knabe
Alle Künste der Polemik;
Seine Meisterschaft bezeugte
Späterhin das Buch Cosari.

Doch der Himmel gießt herunter
Zwei verschiedne Sorten Lichtes:
Grelles Tageslicht der Sonne
Und das mildre Mondlicht — Also,

Also leuchtet auch der Talmud
Zwiefach, und man teilt ihn ein
In Halacha und Hagada.
Erstre nannt ich eine Fechtschul —

Letztre aber, die Hagada,
Will ich einen Garten nennen,
Einen Garten, hochphantastisch
Und vergleichbar jenem andern,

Welcher ebenfalls dem Boden
Babylons entsprossen weiland —
Garten der Semiramis,
Achtes Wunderwerk der Welt.

Königin Semiramis,
Die als Kind erzogen worden
Von den Vögeln, und gar manche
Vögeltümlichkeit bewahrte,

Wollte nicht auf platter Erde
Promenieren wie wir andern
Säugetiere, und sie pflanzte
Einen Garten in der Luft —

Hoch auf kolossalen Säulen
Prangten Palmen und Zypressen,
Goldorangen, Blumenbeete,
Marmorbilder, auch Springbrunnen,

Alles klug und fest verbunden
Durch unzählge Hängebrücken,
Die wie Schlingepflanzen aussahn
Und worauf sich Vögel wiegten —

Große, bunte, ernste Vögel,
Tiefe Denker, die nicht singen,
Während sie umflattert kleines
Zeisigvolk, das lustig trillert —

Alle atmen ein, beseligt,
Einen reinen Balsamduft,
Welcher unvermischt mit schnödem
Erdendunst und Mißgeruche.

Die Hagada ist ein Garten
Solcher Luftkindgrillenart,
Und der junge Talmudschüler,
Wenn sein Herze war bestäubet

Und betäubet vom Gezänke
Der Halacha, vom Dispute
Über das fatale Ei,
Das ein Huhn gelegt am Festtag,

Oder über eine Frage
Gleicher Importanz — der Knabe
Floh alsdann sich zu erfrischen
In die blühende Hagada,

Wo die schönen alten Sagen,
Engelmärchen und Legenden,
Stille Märtyrerhistorien,
Festgesänge, Weisheitsprüche,

Auch Hyperbeln, gar possierlich,
Alles aber glaubenskräftig,
Glaubensglühend — O, das glänzte,
Quoll und sproß so überschwenglich —

Und des Knaben edles Herze
Ward ergriffen von der wilden,
Abenteuerlichen Süße,
Von der wundersamen Schmerzlust

Und den fabelhaften Schauern
Jener seligen Geheimwelt,
Jener großen Offenbarung,
Die wir nennen Poesie.

Auch die Kunst der Poesie,
Heitres Wissen, holdes Können,
Welches wir die Dichtkunst heißen,
Tat sich auf dem Sinn des Knaben.

Und Jehuda ben Halevy
Ward nicht bloß ein Schriftgelehrter,
Sondern auch der Dichtkunst Meister,
Sondern auch ein großer Dichter.

Ja, er ward ein großer Dichter,
Stern und Fackel seiner Zeit,
Seines Volkes Licht und Leuchte,
Eine wunderbare, große

Feuersäule des Gesanges,
Die der Schmerzenskarawane
Israels vorangezogen
In der Wüste des Exils.

Rein und wahrhaft, sonder Makel
War sein Lied, wie seine Seele —
Als der Schöpfer sie erschaffen,
Diese Seele, selbstzufrieden

Küßte er die schöne Seele,
Und des Kusses holder Nachklang
Bebt in jedem Lied des Dichters,
Das geweiht durch diese Gnade.

Wie im Leben, so im Dichten
Ist das höchste Gut die Gnade —
Wer sie hat, der kann nicht sündgen
Nicht in Versen, noch in Prosa.

Solchen Dichter von der Gnade
Gottes nennen wir Genie:
Unverantwortlicher König
Des Gedankenreiches ist er.

Nur dem Gotte steht er Rede,
Nicht dem Volke — In der Kunst,
Wie im Leben, kann das Volk
Töten uns, doch niemals richten. —

II

Bei den Wassern Babels saßen
Wir und weinten, unsre Harfen
Lehnten an den Trauerweiden —
Kennst du noch das alte Lied?

Kennst du noch die alte Weise,
Die im Anfang so elegisch
Greint und sumset, wie ein Kessel,
Welcher auf dem Herde kocht?

Lange schon, jahrtausendlange
Kochts in mir. Ein dunkles Wehe!
Und die Zeit leckt meine Wunde,
Wie der Hund die Schwären Hiobs.

Dank dir, Hund, für deinen Speichel —
Doch das kann nur kühlend lindern —
Heilen kann mich nur der Tod,
Aber, ach, ich bin unsterblich!

Jahre kommen und vergehen —
In dem Webstuhl läuft geschäftig
Schnurrend hin und her die Spule —
Was er webt, das weiß kein Weber.

Jahre kommen und vergehen,
Menschentränen träufeln, rinnen
Auf die Erde, und die Erde
Saugt sie ein mit stiller Gier —

Tolle Sud! Der Deckel springt —
Heil dem Manne, dessen Hand
Deine junge Brut ergreifet
Und zerschmettert an der Felswand.

Gott sei Dank! die Sud verdampfet
In dem Kessel, der allmählig
Ganz verstummt. Es weicht mein Spleen,
Mein westöstlich dunkler Spleen —

Auch mein Flügelrößlein wiehert
Wieder heiter, scheint den bösen
Nachtalp von sich abzuschütteln,
Und die klugen Augen fragen:

Reiten wir zurück nach Spanien
Zu dem kleinen Talmudisten,
Der ein großer Dichter worden,
Zu Jehuda ben Halevy?

Ja, er ward ein großer Dichter,
Absoluter Traumweltsherrscher
Mit der Geisterkönigskrone,
Ein Poet von Gottes Gnade,

Der in heiligen Sirventen,
Madrigalen und Terzinen,
Kanzonetten und Ghaselen
Ausgegossen alle Flammen

Seiner gottgeküßten Seele!
Wahrlich ebenbürtig war
Dieser Troubadour den besten
Lautenschlägern der Provence,

Poitous und der Guienne,
Roussillons und aller andern
Süßen Pomeranzenlande
Der galanten Christenheit.

Der galanten Christenheit
Süße Pomeranzenlande!
Wie sie duften, glänzen, klingen
In dem Zwielicht der Erinnrung!

Schöne Nachtigallenwelt!
Wo man statt des wahren Gottes
Nur den falschen Gott der Liebe
Und der Musen angebeten.

Clerici mit Rosenkränzen
Auf der Glatze sangen Psalmen
In der heitern Sprache d'oc;
Und die Laien, edle Ritter,

Stolz auf hohen Rossen trabend,
Spintisierten Vers und Reime
Zur Verherrlichung der Dame,
Der ihr Herze fröhlich diente.

Ohne Dame keine Minne,
Und es war dem Minnesänger
Unentbehrlich eine Dame,
Wie dem Butterbrot die Butter.

Auch der Held, den wir besingen,
Auch Jehuda ben Halevy
Hatte seine Herzensdame;
Doch sie war besondrer Art.

Sie war keine Laura, deren
Augen, sterbliche Gestirne,
In dem Dome am Karfreitag
Den berühmten Brand gestiftet —

Sie war keine Chatelaine,
Die im Blütenschmuck der Jugend
Bei Turnieren präsidierte
Und den Lorbeerkranz erteilte —

Keine Kußrechtskasuistin
War sie, keine Doktrinärrin,
Die im Spruchkollegium
Eines Minnehofs dozierte —

Jene, die der Rabbi liebte,
War ein traurig armes Liebchen,
Der Zerstörung Jammerbildnis,
Und sie hieß Jerusalem.

Schon in frühen Kindestagen
War sie seine ganze Liebe;
Sein Gemüte machte beben
Schon das Wort Jerusalem.

Purpurflamme auf der Wange,
Stand der Knabe, und er horchte,
Wenn ein Pilger nach Toledo
Kam aus fernem Morgenlande

Und erzählte: wie verödet
Und verunreint jetzt die Stätte,
Wo am Boden noch die Lichtspur
Von dem Fuße der Propheten —

Wo die Luft noch balsamieret
Von dem ewgen Odem Gottes —
O des Jammeranblicks! rief
Einst ein Pilger, dessen Bart

Silberweiß hinabfloß, während
Sich das Barthaar an der Spitze
Wieder schwärzte und es aussah,
Als ob sich der Bart verjünge —

Ein gar wunderlicher Pilger
Mocht es sein, die Augen lugten
Wie aus tausendjährgem Trübsinn,
Und er seufzt': "Jerusalem!

"Sie, die volkreich heilge Stadt
Ist zur Wüstenei geworden,
Wo Waldteufel, Werwolf, Schakal
Ihr verruchtes Wesen treiben —

"Schlangen, Nachtgevögel nisten
Im verwitterten Gemäuer;
Aus des Fensters luftgem Bogen
Schaut der Fuchs mit Wohlbehagen

"Hier und da taucht auf zuweilen
Ein zerlumpter Knecht der Wüste,
Der sein höckriges Kamel
In dem hohen Grase weidet.

"Auf der edlen Höhe Zions,
Wo die goldne Feste ragte,
Deren Herrlichkeiten zeugten
Von der Pracht des großen Königs:

"Dort, von Unkraut überwuchert,
Liegen nur noch graue Trümmer,
Die uns ansehn schmerzhaft traurig,
Daß man glauben muß, sie weinten.

"Und es heißt, sie weinten wirklich
Einmal in dem Jahr, an jenem
Neunten Tag des Monats Ab —
Und mit tränend eignen Augen

"Schaute ich die dicken Tropfen
Aus den großen Steinen sickern,
Und ich hörte weheklagen
Die gebrochnen Tempelsäulen." — —

Solche fromme Pilgersagen
Weckten in der jungen Brust
Des Jehuda ben Halevy
Sehnsucht nach Jerusalem.

Dichtersehnsucht! ahnend, träumend
Und fatal war sie, wie jene,
Die auf seinem Schloß zu Blaye
Einst empfand der alte Vidam,

Messer Geoffroi Rudello,
Als die Ritter, die zurück
Aus dem Morgenlande kehrten,
Laut beim Becherklang beteuert:

Ausbund aller Huld und Züchten,
Perl und Blume aller Frauen,
Sei die schöne Melisande,
Markgräfin von Tripolis.

Jeder weiß, für diese Dame
Schwärmte jetzt der Troubadour;
Er besang sie, und es wurde
Ihm zu eng im Schlosse Blaye.

Und es trieb ihn fort. Zu Cette
Schiffte er sich ein, erkrankte
Aber auf dem Meer, und sterbend
Kam er an zu Tripolis.

Hier erblickt er Melisanden
Endlich auch mit Leibesaugen,
Die jedoch des Todes Schatten
In derselben Stunde deckten.

Seinen letzten Liebessang
Singend, starb er zu den Füßen
Seiner Dame Melisande,
Markgräfin von Tripolis.

Wunderbare Ähnlichkeit
In dem Schicksal beider Dichter!
Nur daß jener erst im Alter
Seine große Wallfahrt antrat.

Auch Jehuda ben Halevy
Starb zu Füßen seiner Liebsten,
Und sein sterbend Haupt, es ruhte
Auf den Knien Jerusalems.

* * *

GEDICHTE / 1853 UND 1854

RUHELECHZEND

Laß bluten deine Wunden, laß
Die Tränen fließen unaufhaltsam —
Geheime Wollust schwelgt im Schmerz,
Und Weinen ist ein süßer Balsam.

Verwundet dich nicht fremde Hand,
So mußt du selber dich verletzen;
Auch danke hübsch dem lieben Gott,
Wenn Zähren deine Wangen netzen.

Des Tages Lärm verhallt, es steigt
Die Nacht herab mit langen Flören.
In ihrem Schoße wird kein Schelm,
Kein Tölpel deine Ruhe stören.

Hier bist du sicher vor Musik,
Vor des Pianofortes Folter,
Und vor der großen Oper Pracht
Und schrecklichem Bravourgepolter.

Hier wirst du nicht verfolgt, geplagt
Vom eitlen Virtuosenpacke
Und vom Genie Giacomos
Und seiner Weltberühmtheitsclaque.

O Grab, du bist das Paradies
Für pöbelscheue, zarte Ohren —
Der Tod ist gut, doch besser wärs,
Die Mutter hätt uns nie geboren.

* * *

IM MAI

Die Freunde, die ich geküßt und geliebt,
Die haben das Schlimmste an mir verübt.
Mein Herze bricht; doch droben die Sonne,
Lachend begrüßt sie den Monat der Wonne.

Es blüht der Lenz. Im grünen Wald
Der lustige Vogelgesang erschallt,
Und Mädchen und Blumen, sie lächeln jung-
    fräulich —
O schöne Welt, du bist abscheulich!

Da lob ich mir den Orkus fast;
Dort kränkt uns nirgends ein schnöder Kon-
    trast;
Für leidende Herzen ist es viel besser
Dort unten am stygischen Nachtgewässer.

Sein melancholisches Geräusch,
Der Stymphaliden ödes Gekreisch,
Der Furien Singsang, so schrill und grell,
Dazwischen des Cerberus Gebell —

Das paßt verdrießlich zu Unglück und Qual —
Im Schattenreich, dem traurigen Tal,
In Proserpinens verdammten Domänen,
Ist alles im Einklang mit unseren Tränen.

Hier oben aber, wie grausamlich
Sonne und Rosen stechen sie mich!
Mich höhnt der Himmel, der bläulich und
    mailich —
O schöne Welt, du bist abscheulich!

* * *

LEIB UND SEELE

DIE arme Seele spricht zum Leibe:
Ich laß nicht ab von dir, ich bleibe
Bei dir — Ich will mit dir versinken
In Tod und Nacht, Vernichtung trinken!
Du warst ja stets mein zweites Ich,
Das liebevoll umschlungen mich,
Als wie ein Festkleid von Satin,
Gefüttert weich mit Hermelin —
Weh mir! jetzt soll ich gleichsam nackt,
Ganz ohne Körper, ganz abstrakt,
Hinlungern als ein selges Nichts
Dort oben in dem Reich des Lichts,
In jenen kalten Himmelshallen,
Wo schweigend die Ewigkeiten wallen
Und mich angähnen — sie klappern dabei
Langweilig mit ihren Pantoffeln von Blei.
O, das ist grauenhaft; o bleib,
Bleib bei mir, du geliebter Leib!

Der Leib zur armen Seele spricht:
O tröste dich und gräm dich nicht!
Ertragen müssen wir in Frieden
Was uns vom Schicksal ward beschieden.
Ich war der Lampe Docht, ich muß
Verbrennen; du, der Spiritus,
Wirst droben auserlesen sein
Zu leuchten als ein Sternelein
Vom reinsten Glanz — Ich bin nur Plunder,
Materie nur, wie morscher Zunder
Zusammensinkend, und ich werde,
Was ich gewesen, eitel Erde.
Nun lebe wohl und tröste dich!
Vielleicht auch amüsiert man sich

Im Himmel besser als du meinst.
Siehst du den großen Bären einst
(Nicht Meyer-Bär) im Sternensaal,
Grüß ihn von mir vieltausendmal!

* * *

DAS SKLAVENSCHIFF

I

DER Superkargo Mynher van Koek
Sitzt rechnend in seiner Kajüte;
Er kalkuliert der Ladung Betrag
Und die probabeln Profite.

"Der Gummi ist gut, der Pfeffer ist gut,
Dreihundert Säcke und Fässer;
Ich habe Goldstaub und Elfenbein —
Die schwarze Ware ist besser.

"Sechshundert Neger tauschte ich ein
Spottwohlfeil am Senegalflusse.
Das Fleisch ist hart, die Sehnen sind stramm,
Wie Eisen vom besten Gusse.

"Ich hab zum Tausche Branntewein,
Glasperlen und Stahlzeug gegeben;
Gewinne daran achthundert Prozent,
Bleibt mir die Hälfte am Leben.

"Bleiben mir Neger dreihundert nur
Im Hafen von Rio-Janeiro,
Zahlt dort mir hundert Dukaten per Stück
Das Haus Gonzales Perreiro."

Da plötzlich wird Mynher van Koek
Aus seinen Gedanken gerissen;
Der Schiffschirurgius tritt herein,
Der Doktor van der Smissen.

Das ist eine klapperdürre Figur,
Die Nase voll roter Warzen —
Nun, Wasserfeldscherer, ruft van Koek,
Wie gehts meinen lieben Schwarzen?

Der Doktor dankt der Nachfrage und spricht:
"Ich bin zu melden gekommen,
Daß heute Nacht die Sterblichkeit
Bedeutend zugenommen.

"Im Durchschnitt starben täglich zwei,
Doch heute starben sieben,
Vier Männer, drei Frauen — Ich hab den
     Verlust
Sogleich in die Kladde geschrieben.

"Ich inspizierte die Leichen genau;
Denn diese Schelme stellen
Sich manchmal tot, damit man sie
Hinabwirft in die Wellen.

"Ich nahm den Toten die Eisen ab;
Und wie ich gewöhnlich tue,
Ich ließ die Leichen werfen ins Meer
Des Morgens in der Fruhe.

"Es schossen alsbald hervor aus der Flut
Haifische, ganze Heere,
Sie lieben so sehr das Negerfleisch;
Das sind meine Pensionäre.

"Sie folgten unseres Schiffes Spur,
Seit wir verlassen die Küste;
Die Bestien wittern den Leichengeruch
Mit schnupperndem Fraßgelüste.

"Es ist possierlich anzusehn,
Wie sie nach den Toten schnappen!
Die faßt den Kopf, die faßt das Bein,
Die andern schlucken die Lappen.

"Ist alles verschlungen, dann tummeln sie sich
Vergnügt um des Schiffes Planken
Und glotzen mich an, als wollten sie
Sich für das Frühstück bedanken."

Doch seufzend fällt ihm in die Red
Van Koek: Wie kann ich lindern
Das Übel? wie kann ich die Progression
Der Sterblichkeit verhindern?

Der Doktor erwidert: "Durch eigne Schuld
Sind viele Schwarze gestorben;
Ihr schlechter Odem hat die Luft
Im Schiffsraum so sehr verdorben.

"Auch starben viele durch Melancholie,
Dieweil sie sich tödlich langweilen;
Durch etwas Luft, Musik und Tanz
Läßt sich die Krankheit heilen."

Da ruft van Koek: "Ein guter Rat!
Mein teurer Wasserfeldscherer
Ist klug wie Aristoteles,
Des Alexanders Lehrer.

"Der Präsident der Sozietät
Der Tulpenveredlung im Delfte
Ist sehr gescheit, doch hat er nicht
Von Eurem Verstande die Hälfte.

"Musik! Musik! Die Schwarzen solln
Hier auf dem Verdecke tanzen.
Und wer sich beim Hopsen nicht amüsiert,
Den soll die Peitsche kuranzen."

II

Hoch aus dem blauen Himmelszelt
Viel tausend Sterne schauen,
Sehnsüchtig glänzend, groß und klug,
Wie Augen von schönen Frauen.

Sie blicken hinunter in das Meer,
Das weithin überzogen
Mit phosphorstrahlendem Purpurduft;
Wollüstig girren die Wogen.

Kein Segel flattert am Sklavenschiff,
Es liegt wie abgetakelt;
Doch schimmern Laternen auf dem Verdeck,
Wo Tanzmusik spektakelt.

Die Fiedel streicht der Steuermann,
Der Koch, der spielt die Flöte,
Ein Schiffsjung schlägt die Trommel dazu,
Der Doktor bläst die Trompete.

Wohl hundert Neger, Männer und Fraun,
Sie jauchzen und hopsen und kreisen
Wie toll herum; bei jedem Sprung
Taktmäßig klirren die Eisen.

Sie stampfen den Boden mit tobender Lust,
Und manche schwarze Schöne
Umschlingt wollüstig den nackten Genoß —
Dazwischen ächzende Töne.

Der Büttel ist maître des plaisirs,
Und hat mit Peitschenhieben
Die lässigen Tänzer stimuliert,
Zum Frohsinn angetrieben.

Und Dideldumdei und Schnedderedeng!
Der Lärm lockt aus den Tiefen
Die Ungetüme der Wasserwelt,
Die dort blödsinnig schliefen.

Schlaftrunken kommen geschwommen heran
Haifische, viele hundert;
Sie glotzen nach dem Schiff hinauf,
Sie sind verdutzt, verwundert.

Sie merken, daß die Frühstückstund
Noch nicht gekommen, und gähnen,
Aufsperrend den Rachen; die Kiefer sind
Bepflanzt mit Sägezähnen.

Und Dideldumdei und Schnedderedeng —
Es nehmen kein Ende die Tänze.
Die Haifische beißen vor Ungeduld
Sich selber in die Schwänze.

Ich glaube, sie lieben nicht die Musik,
Wie viele von ihrem Gelichter.
Trau keiner Bestie, die nicht liebt
Musik! sagt Albions großer Dichter.

Und Schnedderedeng und Dideldumdei —
Die Tänze nehmen kein Ende.
Am Fockmast steht Mynher van Koek
Und faltet betend die Hände:

"Um Christi willen verschone, o Herr,
Das Leben der schwarzen Sünder!
Erzürnten sie dich, so weißt du ja,
Sie sind so dumm wie die Rinder.

"Verschone ihr Leben um Christi willn,
Der für uns alle gestorben!
Denn bleiben mir nicht dreihundert Stück,
So ist mein Geschäft verdorben."

* * *

ZUM LAZARUS

I

Lass die heilgen Parabolen,
Laß die frommen Hypothesen —
Suche die verdammten Fragen
Ohne Umschweif uns zu lösen.

Warum schleppt sich blutend, elend,
Unter Kreuzlast der Gerechte,
Während glücklich als ein Sieger
Trabt auf hohem Roß der Schlechte?

Woran liegt die Schuld? Ist etwa
Unser Herr nicht ganz allmächtig?
Oder treibt er selbst den Unfug?
Ach, das wäre niederträchtig.

Also fragen wir beständig,
Bis man uns mit einer Handvoll
Erde endlich stopft die Mäuler —
Aber ist das eine Antwort?

II

Es hatte mein Haupt die schwarze Frau
Zärtlich ans Herz geschlossen;
Ach! meine Haare wurden grau,
Wo ihre Tränen geflossen.

Sie küßte mich lahm, sie küßte mich krank,
Sie küßte mir blind die Augen;
Das Mark aus meinem Rückgrat trank
Ihr Mund mit wildem Saugen.

Mein Leib ist jetzt ein Leichnam, worin
Der Geist ist eingekerkert —
Manchmal wird ihm unwirsch zu Sinn,
Er tobt und rast und berserkert.

Ohnmächtige Flüche! Dein schlimmster
    Fluch
Wird keine Fliege töten.
Ertrage die Schickung, und versuch
Gelinde zu flennen, zu beten.

III

Wie langsam kriechet sie dahin,
Die Zeit, die schauderhafte Schnecke!
Ich aber, ganz bewegungslos
Blieb ich hier auf demselben Flecke.

In meine dunkle Zelle dringt
Kein Sonnenstrahl, kein Hoffnungsschimmer,
Ich weiß, nur mit der Kirchhofsgruft
Vertausch ich dies fatale Zimmer.

Vielleicht bin ich gestorben längst;
Es sind vielleicht nur Spukgestalten
Die Phantasieen, die des Nachts
Im Hirn den bunten Umzug halten.

Es mögen wohl Gespenster sein,
Altheidnisch göttlichen Gelichters;
Sie wählen gern zum Tummelplatz
Den Schädel eines toten Dichters. —

Die schaurig süßen Orgia,
Das nächtlich tolle Geistertreiben,
Sucht des Poeten Leichenhand
Manchmal am Morgen aufzuschreiben.

IV

Einst sah ich viele Blumen blühen
An meinem Weg; jedoch zu faul,
Mich pflückend nieder zu bemühen,
Ritt ich vorbei auf stolzem Gaul.

Jetzt, wo ich todessiech und elend,
Jetzt, wo geschaufelt schon die Gruft,
Oft im Gedächtnis höhnend, quälend,
Spukt der verschmähten Blumen Duft.

Besonders eine feuergelbe
Viole brennt mir stets im Hirn.
Wie reut es mich, daß ich dieselbe
Nicht einst genoß, die tolle Dirn.

Mein Trost ist: Lethes Wasser haben
Noch jetzt verloren nicht die Macht,
Das dumme Menschenherz zu laben
Mit des Vergessens süßer Nacht.

V

Ich sah sie lachen, sah sie lächeln,
Ich sah sie ganz zu Grunde gehn;
Ich hört ihr Weinen und ihr Röcheln,
Und habe ruhig zugesehn.

Leidtragend folgt ich ihren Särgen,
Und bis zum Kirchhof ging ich mit;
Hernach, ich will es nicht verbergen,
Speist ich zu Mittag mit Apptit.

Doch jetzt auf einmal mit Betrübnis
Denk ich der längstverstorbnen Schar;
Wie lodernd plötzliche Verliebnis
Stürmts auf im Herzen wunderbar!

Besonders sind es Julchens Tränen,
Die im Gedächtnis rinnen mir;
Die Wehmut wird zu wildem Sehnen,
Und Tag und Nacht ruf ich nach ihr! — —

Oft kommt zu mir die tote Blume
Im Fiebertraum; alsdann zu Mut
Ist mir, als böte sie posthume
Gewährung meiner Liebesglut.

O zärtliches Phantom, umschließe
Mich fest und fester, deinen Mund
Drück ihn auf meinen Mund — versüße
Die Bitternis der letzten Stund!

VI

Du warst ein blondes Jungfräulein, so artig,
So niedlich und so kühl — vergebens harrt ich
Der Stunde, wo dein Herze sich erschlösse
Und sich daraus Begeisterung ergösse —

Begeisterung für jene hohen Dinge,
Die zwar Verstand und Prosa achten gringe,
Für die jedoch die Edlen, Schönen, Guten
Auf dieser Erde schwärmen, leiden, bluten.

Am Strand des Rheins, wo Rebenhügel ragen,
Ergingen wir uns einst in Sommertagen.
Die Sonne lachte; aus den liebevollen
Kelchen der Blumen Wohlgerüche quollen.

Die Purpurnelken und die Rosen sandten
Uns rote Küsse, die wie Flammen brannten.
Im kümmerlichsten Gänseblümchen schien
Ein ideales Leben aufzublühn.

Du aber gingest ruhig neben mir,
Im weißen Atlaskleid, voll Zucht und Zier,
Als wie ein Mädchenbild gemalt von Netscher;
Ein Herzchen im Korsett wie 'n kleiner
  Gletscher.

VII

Vom Schöppenstuhle der Vernunft
Bist du vollständig freigesprochen;
Das Urteil sagt: die Kleine hat
Durch Tun und Reden nichts verbrochen.

Ja, stumm und tatlos standest du,
Als mich verzehrten tolle Flammen —
Du schürtest nicht, du sprachst kein Wort,
Und doch muß dich mein Herz verdammen.

In meinen Träumen jede Nacht
Klagt eine Stimme, die bezichtet
Des bösen Willens dich, und sagt,
Du habest mich zu Grund gerichtet.

Sie bringt Beweis und Zeugnis bei,
Sie schleppt ein Bündel von Urkunden;
Jedoch am Morgen, mit dem Traum,
Ist auch die Klägerin verschwunden.

Sie hat in meines Herzens Grund
Mit ihren Akten sich geflüchtet —
Nur eins bleibt im Gedächtnis mir,
Das ist: ich bin zu Grund gerichtet.

VIII

Ein Wetterstrahl, beleuchtend plötzlich
Des Abgrunds Nacht, war mir dein Brief;
Er zeigte blendend hell, wie tief
Mein Unglück ist, wie tief entsetzlich.

Selbst dich ergreift ein Mitgefühl!
Dich, die in meines Lebens Wildnis
So schweigsam standest, wie ein Bildnis,
Das marmorschön und marmorkühl.

O Gott, wie muß ich elend sein!
Denn sie sogar beginnt zu sprechen,
Aus ihrem Auge Tränen brechen,
Der Stein sogar erbarmt sich mein!

Erschüttert hat mich, was ich sah!
Auch du erbarm dich mein und spende
Die Ruhe mir, o Gott, und ende
Die schreckliche Tragödia.

IX

Die Gestalt der wahren Sphinx
Weicht nicht ab von der des Weibes;
Faselei ist jener Zusatz
Des betatzten Löwenleibes.

Todesdunkel ist das Rätsel
Dieser wahren Sphinx. Es hatte
Kein so schweres zu erraten
Frau Jokastens Sohn und Gatte.

Doch zum Glücke kennt sein eignes
Rätsel nicht das Frauenzimmer;
Spräch es aus das Lösungswort,
Fiele diese Welt in Trümmer.

X

Es sitzen am Kreuzweg drei Frauen,
Sie grinsen und spinnen,
Sie seufzen und sinnen;
Sie sind gar häßlich anzuschauen.

Die erste trägt den Rocken,
Sie dreht die Fäden,
Befeuchtet jeden;
Deshalb ist die Hängelippe so trocken.

Die zweite läßt tanzen die Spindel;
Das wirbelt im Kreise,
In drolliger Weise;
Die Augen der Alten sind rot wie Zindel.

Es hält die dritte Parze
In Händen die Schere,
Sie summt Miserere;
Die Nase ist spitz, drauf sitzt eine Warze.

O spute dich und zerschneide
Den Faden, den bösen,
Und laß mich genesen
Von diesem schrecklichen Lebensleide!

XI

Mich locken nicht die Himmelsauen
Im Paradies, im selgen Land;
Dort find ich keine schönre Frauen
Als ich bereits auf Erden fand.

Kein Engel mit den feinsten Schwingen
Könnt mir ersetzen dort mein Weib;
Auf Wolken sitzend Psalmen singen,
Wär auch nicht just mein Zeitvertreib.

O Herr! ich glaub, es wär das Beste,
Du ließest mich in dieser Welt;
Heil nur zuvor mein Leibgebreste,
Und sorge auch für etwas Geld.

Ich weiß, es ist voll Sünd und Laster
Die Welt; jedoch ich bin einmal
Gewöhnt, auf diesem Erdpechpflaster
Zu schlendern durch das Jammertal.

Genieren wird das Weltgetreibe
Mich nie, denn selten geh ich aus;
In Schlafrock und Pantoffeln bleibe
Ich gern bei meiner Frau zu Haus.

Laß mich bei ihr! Hör ich sie schwätzen,
Trinkt meine Seele die Musik
Der holden Stimme mit Ergötzen.
So treu und ehrlich ist ihr Blick!

Gesundheit nur und Geldzulage
Verlang ich, Herr! O laß mich froh
Hinleben noch viel schöne Tage
Bei meiner Frau im statu quo!

* * *

POSTHUMOUS POEMS

MEIN Tag war heiter, glücklich meine
Nacht.
Mir jauchzte stets mein Volk, wenn ich die
Leier
Der Dichtkunst schlug. Mein Lied war
Lust und Feuer,
Hat manche schöne Gluten angefacht.
Noch blüht mein Sommer, dennoch einge-
bracht
Hab ich die Ernte schon in meine Scheuer—
Und jetzt soll ich verlassen, was so teuer,
So lieb und teuer mir die Welt gemacht!
Der Hand entsinkt das Saitenspiel. In
Scherben
Zerbricht das Glas, das ich so fröhlich eben
An meine übermütgen Lippen preßte.
O Gott! wie häßlich bitter ist das Sterben!
O Gott! wie süß und traulich läßt sich leben
In diesem traulich süßen Erdenneste!

* * *

EWIGKEIT, wie bist du lang,
Länger noch als tausend Jahr;
Tausend Jahre brat ich schon,
Ach! und ich bin noch nicht gar.

Ewigkeit, wie bist du lang,
Länger noch als tausend Jahr;
Und der Satan kommt am End,
Frißt mich auf mit Haut und Haar.

* * *

MITTELALTERLICHE Roheit
Weicht dem Aufschwung schöner
Künste:
Instrument moderner Bildung
Ist vorzüglich das Klavier.

Auch die Eisenbahnen wirken
Heilsam aufs Familienleben,
Sintemal sie uns erleichtern
Die Entfernung von der Sippschaft.

Wie bedaur ich, daß die Darre
Meines Rückgratmarks mich hindert
Lange Zeit noch zu verweilen
In dergleichen Fortschrittswelt!

* * *

STUNDEN, Tage, Ewigkeiten
Sind es, die wie Schnecken gleiten;
Diese grauen Riesenschnecken
Ihre Hörner weit ausrecken.

Manchmal in der öden Leere,
Manchmal in dem Nebelmeere
Strahlt ein Licht, das süß und golden,
Wie die Augen meiner Holden.

Doch im selben Nu zerstäubet
Diese Wonne, und mir bleibet
Das Bewußtsein nur, das schwere,
Meiner schrecklichen Misere.

* * *

MIR lodert und wogt im Hirn eine Flut
Von Wäldern, Bergen und Fluren;
Aus dem tollen Wust tritt endlich hervor
Ein Bild mit festen Konturen.

Das Städtchen, das mir im Sinne schwebt,
Ist Godesberg, ich denke.
Dort wieder unter dem Lindenbaum
Sitz ich vor der alten Schenke.

Der Hals ist mir trocken, als hätt ich ver-
    schluckt
Die untergehende Sonne.
Herr Wirt! Herr Wirt! Eine Flasche Wein
Aus Eurer besten Tonne!

Es fließt der holde Rebensaft
Hinunter in meine Seele,
Und löscht bei dieser Gelegenheit
Den Sonnenbrand der Kehle.

Und noch eine Flasche, Herr Wirt! Ich trank
Die erste in schnöder Zerstreuung,
Ganz ohne Andacht! Mein edler Wein,
Ich bitte dich drob um Verzeihung.

Ich sah hinauf nach dem Drachenfels,
Der, hochromantisch beschienen
Vom Abendrot, sich spiegelt im Rhein
Mit seinen Burgruinen.

Ich horchte dem fernen Winzergesang
Und dem kecken Gezwitscher der Finken —
So trank ich zerstreut, und an den Wein
Dacht ich nicht während dem Trinken.

Jetzt aber steck ich die Nase ins Glas,
Und ernsthaft zuvor beguck ich
Den Wein, den ich schlucke; manchmal auch,
Ganz ohne zu gucken, schluck ich.

Doch sonderbar! Während dem Schlucken
    wird mir
Zu Sinne, als ob ich verdoppelt,
Ein andrer armer Schlucker sei
Mit mir zusammengekoppelt.

Der sieht so krank und elend aus,
So bleich und abgemergelt.
Gar schmerzlich verhöhnend schaut er mich
    an,
Wodurch er mich seltsam nergelt.

Der Bursche behauptet, er sei ich selbst,
Wir wären nur Eins, wir Beide,
Wir wären ein einziger armer Mensch,
Der jetzt am Fieber leide.

Nicht in der Schenke von Godesberg,
In einer Krankenstube
Des fernen Paris befänden wir uns —
Du lügst, du bleicher Bube!

Du lügst, ich bin so gesund und rot
Wie eine blühende Rose,
Auch bin ich stark, nimm dich in Acht,
Daß ich mich nicht erbose!

Er zuckt die Achseln und seufzt: "O Narr!"
Das hat meinen Zorn entzügelt;
Und mit dem verdammten zweiten Ich
Hab ich mich endlich geprügelt.

Doch sonderbar! jedweden Puff,
Den ich dem Burschen erteile,
Empfinde ich am eignen Leib,
Und ich schlage mir Beule auf Beule.

Bei dieser fatalen Balgerei
Ward wieder der Hals mir trocken,
Und will ich rufen nach Wein den Wirt,
Die Worte im Munde stocken.

Mir schwinden die Sinne, und traumhaft hör
Ich von Kataplasmen reden,
Auch von der Mixtur — einen Eßlöffel voll —
Zwölf Tropfen stündlich in jeden.

* * *

[MISERERE]

DIE Söhne des Glückes beneid ich nicht
Ob ihrem Leben, beneiden
Will ich sie nur ob ihrem Tod,
Dem schmerzlos raschen Verscheiden.

Im Prachtgewand, das Haupt bekränzt,
Und Lachen auf der Lippe,
Sitzen sie froh beim Lebensbankett —
Da trifft sie jählings die Hippe.

Im Festkleid und mit Rosen geschmückt,
Die noch wie lebend blühten,
Gelangen in das Schattenreich
Fortunas Favoriten.

Nie hatte Siechtum sie entstellt,
Sind Tote von guter Miene,
Und huldreich empfängt sie an ihrem Hof
Zarewna Proserpine.

Wie sehr muß ich beneiden ihr Los!
Schon sieben Jahre mit herben,
Qualvollen Gebresten wälz ich mich
Am Boden, und kann nicht sterben!

O Gott, verkürze meine Qual,
Damit man mich bald begrabe;
Du weißt ja, daß ich kein Talent
Zum Martyrtume habe.

Ob deiner Inkonsequenz, o Herr,
Erlaube, daß ich staune:
Du schufest den fröhlichsten Dichter, und
    raubst
Ihm jetzt seine gute Laune.

Der Schmerz verdumpft den heitern Sinn
Und macht mich melancholisch;
Nimmt nicht der traurige Spaß ein End,
So werd ich am Ende katholisch.

Ich heule dir dann die Ohren voll,
Wie andre gute Christen —
O Miserere! Verloren geht
Der beste der Humoristen!

* * *

MORPHINE

GROSS ist die Ähnlichkeit der beiden schönen
Jünglingsgestalten, ob der Eine gleich
Viel blässer als der Andre, auch viel strenger,
Fast möcht ich sagen viel vornehmer aussieht
Als jener Andre, welcher mich vertraulich
In seine Arme schloß — Wie lieblich sanft
War dann sein Lächeln, und sein Blick wie selig!
Dann mocht es wohl geschehn, daß seines Hauptes
Mohnblumenkranz auch meine Stirn berührte
Und seltsam duftend allen Schmerz verscheuchte
Aus meiner Seel — Doch solche Linderung,
Sie dauert kurze Zeit; genesen gänzlich
Kann ich nur dann, wenn seine Fackel senkt
Der andre Bruder, der so ernst und bleich. —
Gut ist der Schlaf, der Tod ist besser — freilich
Das Beste wäre, nie geboren sein.

* * *

ICH war, o Lamm, als Hirt bestellt,
Zu hüten dich auf dieser Welt.
Hab dich mit meinem Brot geätzt,
Mit Wasser aus dem Born geletzt.
Wenn kalt der Wintersturm gelärmt,
Hab ich dich an der Brust erwärmt.
Hier hielt ich fest dich angeschlossen,

Wenn Regengüsse sich ergossen
Und Wolf und Waldbach um die Wette
Geheult im dunkeln Felsenbette.
Du bangtest nicht, hast nicht gezittert.
Selbst wenn den höchsten Tann zersplittert
Der Wetterstrahl — in meinem Schoß
Du schliefest still und sorgenlos.

Mein Arm wird schwach, es schleicht herbei
Der blasse Tod! Die Schäferei,
Das Hirtenspiel, es hat ein Ende.
O Gott, ich leg in deine Hände
Zurück den Stab. — Behüte du
Mein armes Lamm, wenn ich zur Ruh
Bestattet bin — und dulde nicht,
Daß irgendwo ein Dorn sie sticht —
O schütz ihr Vlies vor Dornenhecken
Und auch vor Sümpfen, die beflecken;
Laß überall zu ihren Füßen
Das allerbeste Futter sprießen;
Und laß sie schlafen, sorgenlos,
Wie einst sie schlief in meinem Schoß.

* * *

ICH seh im Stundenglase schon
Den kargen Sand zerrinnen.
Mein Weib, du engelsüße Person!
Mich reißt der Tod von hinnen.

Er reißt mich aus deinem Arm, mein Weib,
Da hilft kein Widerstehen,
Er reißt die Seele aus dem Leib —
Sie will vor Angst vergehen.

Er jagt sie aus dem alten Haus,
Wo sie so gerne bliebe.
Sie zittert und flattert — Wo soll ich hinaus?
Ihr ist wie dem Floh im Siebe.

Das kann ich nicht ändern, wie sehr ich mich
    sträub,
Wie sehr ich mich winde und wende;
Der Mann und das Weib, die Seel und der
    Leib,
Sie müssen sich trennen am Ende.

* * *

FÜR DIE MOUCHE

DICH fesselt mein Gedankenbann,
Und was ich dachte, was ich sann,
Das mußt du denken, mußt du sinnen, —
Du kannst nicht meinem Geist entrinnen.

Stets weht dich an sein wilder Hauch,
Und wo du bist, da ist er auch;
Du bist sogar im Bett nicht sicher
Vor seinem Kusse und Gekicher!

Mein Leib liegt tot im Grab, jedoch
Mein Geist, der ist lebendig noch,
Er wohnt gleich einem Hauskobolde
In deinem Herzchen, meine Holde!

Vergönn das traute Nestchen ihm,
Du wirst nicht los das Ungetüm,
Und flöhest du bis China, Japan —
Du wirst nicht los den armen Schnapphahn!

Denn überall, wohin du reist,
Sitzt ja im Herzen dir mein Geist,
Und denken mußt du, was ich sann —
Dich fesselt mein Gedankenbann!

* * *

LOTOSBLUME

WAHRHAFTIG, wir Beide bilden
Ein kurioses Paar,
Die Liebste ist schwach auf den Beinen,
Der Liebhaber lahm sogar.

Sie ist ein leidendes Kätzchen,
Und er ist krank wie ein Hund,
Ich glaube, im Kopfe sind Beide
Nicht sonderlich gesund.

Sie sei eine Lotosblume,
Bildet die Liebste sich ein;
Doch er, der blasse Geselle,
Vermeint der Mond zu sein.

Die Lotosblume erschließet
Ihr Kelchlein im Mondenlicht,
Doch statt des befruchtenden Lebens
Empfängt sie nur ein Gedicht.

* * *

WORTE! Worte! keine Taten!
Niemals Fleisch, geliebte Puppe,
Immer Geist und keinen Braten,
Keine Knödel in der Suppe!

Doch vielleicht ist dir zuträglich
Nicht die wilde Lendenkraft,
Welche galoppieret täglich
Auf dem Roß der Leidenschaft.

Ja, ich fürchte fast, es riebe,
Zartes Kind, dich endlich auf
Jene wilde Jagd der Liebe,
Amors Steeple-chase-Wettlauf.

Viel gesünder, glaub ich schier,
Ist für dich ein kranker Mann
Als Liebhaber, der gleich mir
Kaum ein Glied bewegen kann.

Deshalb unsrem Herzensbund,
Liebste, widme deine Triebe;
Solches ist dir sehr gesund,
Eine Art Gesundheitsliebe.

* * *

Lass mich mit glühnden Zangen kneipen,
Laß grausam schinden mein Gesicht,
Laß mich mit Ruten peitschen, stäupen —
Nur warten, warten laß mich nicht!

Laß mit Torturen aller Arten
Verrenken, brechen mein Gebein,
Doch laß mich nicht vergebens warten,
Denn warten ist die schlimmste Pein!

Den ganzen Nachmittag bis Sechse
Hab gestern ich umsonst geharrt —
Umsonst; du kamst nicht, kleine Hexe,
So daß ich fast wahnsinnig ward.

Die Ungeduld hielt mich umringelt
Wie Schlangen; — jeden Augenblick
Fuhr ich empor, wenn man geklingelt,
Doch kamst du nicht — ich sank zurück!

Du kamest nicht — ich rase, schnaube,
Und Satanas raunt mir ins Ohr:
Die Lotosblume, wie ich glaube,
Mokiert sich deiner, alter Tor!

* * *

Es träumte mir von einer Sommernacht,
   Wo bleich, verwittert, in des Mondes
     Glanze
Bauwerke lagen, Reste alter Pracht,
Ruinen aus der Zeit der Renaissance.

Nur hie und da, mit dorisch ernstem Knauf,
Hebt aus dem Schutt sich einzeln eine Säule,
Und schaut ins hohe Firmament hinauf,
Als ob sie spotte seiner Donnerkeile.

Gebrochen auf dem Boden liegen rings
Portale, Giebeldächer mit Skulpturen,
Wo Mensch und Tier vermischt, Centaur und
     Sphinx,
Satyr, Chimäre — Fabelzeitfiguren.

Es steht ein offner Marmorsarkophag
Ganz unverstümmelt unter den Ruinen,
Und gleichfalls unversehrt im Sarge lag
Ein toter Mann mit leidend sanften Mienen.

Karyatiden mit gerecktem Hals,
Sie scheinen mühsam ihn emporzuhalten.
An beiden Seiten sieht man ebenfalls
Viel basrelief gemeißelte Gestalten.

Hier sieht man des Olympos Herrlichkeit
Mit seinen lüderlichen Heidengöttern,
Adam und Eva stehn dabei, sind Beid
Versehn mit keuschem Schurz von Feigen-
 blättern.

Hier sieht man Trojas Untergang und Brand,
Paris und Helena, auch Hektor sah man;
Moses und Aaron gleich daneben stand,
Auch Esther, Judith, Holofern und Haman.

Desgleichen war zu sehn der Gott Amur,
Phöbus Apoll, Vulkanus und Frau Venus,
Pluto und Proserpine und Merkur,
Gott Bacchus und Priapus und Silenus.

Daneben stand der Esel Balaams
—Der Esel war zum Sprechen gut getroffen—
Dort sah man auch die Prüfung Abrahams
Und Lot, der mit den Töchtern sich besoffen.

Hier war zu schaun der Tanz Herodias',
Das Haupt des Täufers trägt man auf der
 Schüssel,
Die Hölle sah man hier und Satanas,
Und Petrus mit dem großen Himmels-
 schlüssel.

Abwechselnd wieder sah man hier skulpiert
Des geilen Jovis Brunst und Freveltaten,
Wie er als Schwan die Leda hat verführt,
Die Danaë als Regen von Dukaten.

Hier war zu sehn Dianas wilde Jagd,
Ihr folgen hochgeschürzte Nymphen, Doggen,
Hier sah man Herkules in Frauentracht,
Die Spindel drehend hält sein Arm den
　　Rocken.

Daneben ist der Sinai zu sehn,
Am Berg steht Israel mit seinen Ochsen,
Man schaut den Herrn als Kind im Tempel
　　stehn
Und disputieren mit den Orthodoxen.

Die Gegensätze sind hier grell gepaart,
Des Griechen Lustsinn und der Gottgedanke
Judäas! Und in Arabeskenart
Um beide schlingt der Epheu seine Ranke.

Doch, wunderbar! Derweilen solcherlei
Bildwerke träumend ich betrachtet habe,
Wird plötzlich mir zu Sinn, ich selber sei
Der tote Mann im schönen Marmorgrabe.

Zu Häupten aber meiner Ruhestätt
Stand eine Blume, rätselhaft gestaltet,
Die Blätter schwefelgelb und violett,
Doch wilder Liebreiz in der Blume waltet.

Das Volk nennt sie die Blum der Passion
Und sagt, sie sei dem Schädelberg entsprossen,
Als man gekreuzigt hat den Gottessohn,
Und dort sein welterlösend Blut geflossen.

Blutzeugnis, heißt es, gebe diese Blum,
Und alle Marterinstrumente, welche
Dem Henker dienten bei dem Märtyrtum,
Sie trüge sie abkonterfeit im Kelche.

Ja, alle Requisiten der Passion
Sähe man hier, die ganze Folterkammer,
Zum Beispiel: Geißel, Stricke, Dornenkron,
Das Kreuz, den Kelch, die Nägel und den
    Hammer.

Solch eine Blum an meinem Grabe stand,
Und über meinen Leichnam niederbeugend,
Wie Frauentrauer, küßt sie mir die Hand,
Küßt Stirne mir und Augen, trostlos schwei-
    gend.

Doch, Zauberei des Traumes! Seltsamlich,
Die Blum der Passion, die schwefelgelbe,
Verwandelt in ein Frauenbildnis sich,
Und das ist Sie — die Liebste, ja, die selbe!

Du warst die Blume, du geliebtes Kind,
An deinen Küssen mußt ich dich erkennen.
So zärtlich keine Blumenlippen sind,
So feurig keine Blumentränen brennen!

Geschlossen war mein Aug, doch angeblickt
Hat meine Seel beständig dein Gesichte,
Du sahst mich an, beseligt und verzückt,
Und geisterhaft beglänzt vom Monden-
    lichte!

Wir sprachen nicht, jedoch mein Herz ver-
    nahm,
Was du verschwiegen dachtest im Gemüte —
Das ausgesprochne Wort ist ohne Scham,
Das Schweigen ist der Liebe keusche Blüte.

Lautloses Zwiegespräch! man glaubt es kaum,
Wie bei dem stummen, zärtlichen Geplauder
So schnell die Zeit verstreicht im schönen
    Traum
Der Sommernacht, gewebt aus Lust und
    Schauder.

Was wir gesprochen, frag es niemals, ach!
Den Glühwurm frag, was er dem Grase
    glimmert,
Die Welle frage, was sie rauscht im Bach,
Den Westwind frage, was er weht und
    wimmert.

Frag, was er strahlet, den Karfunkelstein,
Frag, was sie duften, Nachtviol und Rosen —
Doch frage nie, wovon im Mondenschein
Die Marterblume und ihr Toter kosen!

Ich weiß es nicht, wie lange ich genoß
In meiner schlummerkühlen Marmortruhe
Den schönen Freudentraum. Ach, es zerfloß
Die Wonne meiner ungestörten Ruhe!

O Tod! mit deiner Grabesstille, du,
Nur du kannst uns die beste Wollust geben;
Den Krampf der Leidenschaft, Lust ohne
    Ruh,
Gibt uns für Glück das albern rohe Leben!

Doch wehe mir! es schwand die Seligkeit,
Als draußen plötzlich sich ein Lärm erhoben;
Es war ein scheltend, stampfend wüster Streit,
Ach, meine Blum verscheuchte dieses Toben!

Ja, draußen sich erhob mit wildem Grimm
Ein Zanken, ein Gekeife, ein Gekläffe,
Ich glaubte zu erkennen manche Stimm —
Es waren meines Grabmals Basrelieffe.

Spukt in dem Stein der alte Glaubenswahn?
Und disputieren diese Marmorschemen?
Der Schreckensruf des wilden Waldgotts Pan
Wetteifernd wild mit Mosis Anathemen!

O, dieser Streit wird enden nimmermehr,
Stets wird die Wahrheit hadern mit dem
    Schönen,
Stets wird geschieden sein der Menschheit
    Heer
In zwei Partein: Barbaren und Hellenen.

Das fluchte, schimpfte! gar kein Ende nahms
Mit dieser Kontroverse, der langweilgen,
Da war zumal der Esel Balaams,
Der überschrie die Götter und die Heilgen!

Mit diesem I—A, I—A, dem Gewiehr,
Dem schluchzend ekelhaften Mißlaut, brachte
Mich zur Verzweiflung schier das dumme
    Tier,
Ich selbst zuletzt schrie auf — und ich er-
    wachte.

* * *

Es kommt der Tod — jetzt will ich sagen,
Was zu verschweigen ewiglich
Mein Stolz gebot: für dich, für dich,
Es hat mein Herz für dich geschlagen!

Der Sarg ist fertig, sie versenken
Mich in die Gruft. Da hab ich Ruh.
Doch du, doch du, Maria, du,
Wirst weinen oft und mein gedenken.

Du ringst sogar die schönen Hände —
O tröste dich — Das ist das Los,
Das Menschenlos: — was gut und groß
Und schön, das nimmt ein schlechtes Ende.

* * *

DER SCHEIDENDE

Erstorben ist in meiner Brust
Jedwede weltlich eitle Lust,
Schier ist mir auch erstorben drin
Der Haß des Schlechten, sogar der Sinn
Für eigne wie für fremde Not —
Und in mir lebt nur noch der Tod!

Der Vorhang fällt, das Stück ist aus,
Und gähnend wandelt jetzt nach Haus
Mein liebes deutsches Publikum,
Die guten Leutchen sind nicht dumm;
Das speist jetzt ganz vergnügt zu Nacht,

Und trinkt sein Schöppchen, singt und lacht —
Er hatte Recht, der edle Heros,
Der weiland sprach im Buch Homeros':
Der kleinste lebendige Philister
Zu Stukkert am Neckar, viel glücklicher ist er
Als ich, der Pelide, der tote Held,
Der Schattenfürst in der Unterwelt.

* * *